巷仔口社會學

U0007246

SOCIOLOGY AT THE STREET CORNER

王宏仁　主編

巷仔口社會學

打開社會學之眼
看見彩色人生

intro.

社會系的學生或老師，經常被親朋好友問到，你在大學研究所讀（教）什麼？

「社會系。」

「是社會工作喔？很好找工作哦　」

「不是社會工作，是研究社會的。」

「是喔，很好啊，現在社會很亂，需要好好研究一下。」

要不然就是：

「社會學有什麼好學的？我社會大學都念好幾十年了！」

或者 318 學運後：

「你們老師都在教你們如何搞社會運動吧！」

接著一片靜默。

社會大眾對於社會學的認識，遠低於對於心理學、經濟學、政治學的認識，雖然一般大眾可能也不一定真的知道這些學科在搞啥，但至少會猜是在「處理個人心理困擾」、「用來賺大錢」，或者「搞政治的」。但是社會學呢，只能跟「社會工作」、「搞社會關係」或者「搞社會運動」這無三小路用的搞在一起嗎？

其實，社會學是開大門、走大路的！

相較於一般大眾或者高中生，近年來的大學在校生，似乎越來越被這門莫名的學科所吸引。台大社會系大一才招收五十名學生，可是必修課經常湧入上百名同學擠爆教室。國內的許多社會學教授，大學時期都不是念社會系，中山大學社會系的老師，更有一半以上在大學時期是主修其他學門，博士期間才轉而攻讀社會學。為何社會學會吸引這麼多英雄豪女投入？

還有一個有趣的現象。每次若出現社會運動或政治運動，幾乎都看得到社會學者的身影。早年野百合時代，中研院社會所的瞿海源教授就跟著學生在自由廣場靜坐抗議。2008 年中國海協會會長陳雲林來台時，站在第一線抗議的社會學老師李明璁事後遭到起訴。2014 年 318 學運時，台大社會系的眾多老師在街頭進行公民審議的教育，台北大學社會系也有一群老師默默調查參與者的基本背景資料，至於南方的中山大學社會系師生，更是公開罷課支持學運。也難怪社會大眾會這樣問：社會系到底在「衝」三小啊？是不是「暴民」出身的？

intro.

社會學觀看世界的特有方式

張晉芬老師寫了〈平平都是人，女人就是賺得少〉之後，有高達 135 則的留言回應，對於為何一樣的學歷、一樣的工作內容，女生就是賺得少？兩個典型反對意見是：

「男女染色體有差異，天生對左右腦的發展也有差異，這是先天就不同的。」「女生有生理假的需求，所以妳的生產力硬是比男性朋友少了一天呀！讓我告訴妳怎樣跟男性並駕齊驅吧！去做卵巢摘除，讓自己沒有月經的困擾。」

我寫的〈魯蛇人生〉裡，有一段討論到台中科博館禁止穿拖鞋、汗衫入館是一種階級的歧視。有人反駁：

「中國人和狗不可以進入，的確是強烈的歧視，但穿拖鞋汗衫不可以進入科博館，那是禮儀。禮儀中皮鞋本來就是比拖鞋隆重的東西，便鞋介於這之間。」「這穿著除了不雅觀，也會有異味等問題，而且萬一被踩後跟，穿拖鞋也比鞋子易絆倒。基本上我很贊同科博館的標示，而且拖鞋型的涼鞋也要禁止才對。」

從這些讀者的回應可以看到，不具社會學思維的人，通常會以「個人主義」的思考方式來解讀世界（要不然你自己去變成男人啊！），並且比較容易肯定既存的社會規範（穿拖鞋就是不雅觀！）。**社會學跟其他學科很重要的思考差異在於，當我們看到了個人問題，也必須同時看到個人所處的社會環境。個人的問題通常是社會環境問題造成的。**

在過去，台灣的外交人員特考都會限定女性名額，理由是她們考上之後，經常不願意配合政府政策外放。這種說法正是把問題歸因到女性個人的不配合。但社會學會繼續追問：這是因為女性「天生」就比較不願拋頭露面（個人式的歸因）？還是她無法「拋家棄子」（家庭因素）？如果她真的出國工作，會有什麼後果？永遠單身？跟丈夫離婚？有可能丈夫放棄工作，跟著她出國當外交老爺嗎？

從這個例子來看，考上外交特考的女性不願意出國工作，真的只是出於個人意願嗎？還是牽涉到她所處的家庭、社會、文化種種因素？若以家庭因素來考量，倘若全家一起出國，丈夫的工作怎麼辦？小孩子的教育怎麼辦？丈夫願意陪著妻子參加外交宴會嗎？外人會不會認為這個丈夫很沒用？顯然，問題很複雜，牽涉到台灣家庭仍以父系為主的組織形態，整個社會對男女工作仍然有不同的期待，所以女性不願意外放出國。這不是簡單一句「女生就是不願意配合」就可以簡單打發的。說出這種簡單答案的人，通常也會造就出性別歧視的政策。

　　顯然，**社會學不會滿足於單一的答案，而是去分析個人處境背後複雜的環境結構因素，並且對於常識性的說法提出質疑。**

　　又例如太陽花學運時，占領行政院的群眾跟學生究竟是否為執政者口中的「暴民」？社會學者會說：是不是「暴民」，要看你是處在哪個社會環境、哪個時代而定。大家都知道，「民主」的英文是「democracy」，字首「demo」跟抗議示威的「demonstration」或人口學的「demography」都是相同字根，意思是「一群人」。十九世紀初，英國工人階級要求平等投票權且到處示威抗議時，英國貴族和資產階級便是以「暴民」汙名化這些工人，所以「democracy」根本就是一群暴民想要建立的政體（demo-cracy），目的在於挑戰既有的社會秩序。這種說詞跟現在台灣執政者所說的「依法行政」、「法律不容挑戰」是否如出一轍？但是當英國工人抗爭成功之後，democracy 這個負面詞彙，卻成了正面意義的「民主政治」，所以「暴民」的定義，要看是在什麼樣的社會環境下、出自哪些人的口中。

　　這個就是以社會學之眼觀察世界的方式。如同一位同學所說：「開了社會學之眼，再也回不去了！」

社會學的價值認同與行動

　　既然社會學經常質疑既有的社會規範和秩序，社會學者是否就很少認同主流價值？與其說社會學的思考是故意破壞既有價值，不如說是迫使我們去反思習以為常的想法、行為，並以同情的態度去理解活生生的人所面對的困境。

　　我的外祖父很早就過世，留下寡母跟三個女兒，住在貧瘠的台南鹽分地帶。為了傳宗接代，外祖母領養了我舅舅來繼承子嗣，也為了給男生念書，我母親與阿姨都沒上學，是文盲，阿姨甚至還送人當童養媳。

　　記得我在國中時，收到朋友從鄉下寄來的新年卡片。朋友祝福我快樂，永不「破病」！讀完卡片我一直狂笑，還把這個笑話講給母親聽。她顯然無法理解我在笑什麼，但是為了應和我，她文不對題地回答：「對啊，哪有人在卡片裡面講破病的！」

　　大約三十年前，阿姨來我家住一陣子，某日早上我看到她拿著報紙看了很久，最後我忍不住跟她說：「阿姨啊，妳報紙拿顛倒了啦！」她聽到後一直傻笑，說：「你嘛知道我沒有讀過冊啊！看起來都一樣啊！」她接著又笑著說：「阿姨不認識字，卡沒水準，國語也聽嘸。」

　　過了好幾年後我去德國留學，才真正體會到失語人的痛苦。我母親在當下的場合，試著要「過關」，掩飾她不懂華語的難堪。我阿姨則內化了殖民者所強加的價值，外在的嘲弄恥辱竟轉化認定為自身的缺陷。

　　我們看到社會結構的不公是如何作用在她們兩人身上。在男女不平等的父權社會下，女性受教育的權利低於男性；在強迫台灣民眾只能學習華語且不遺餘力打壓本土語言的政策下，接受華語教育的新一代開始嘲笑不懂華語的上一代，卻沒看到語言政策造成的社會不平等。這些外在於個人之外的力量，雖然遠在天邊，但是卻深深影響了每一個在整個結

構底下的每個人，只是身處其中的人，往往看不出個人的困境，經常是這些結構造成的。

　　從主流的價值來看，沒受過教育的人，常被貼標籤是「人口素質差」，將來養育出來的子女一定是社會的負擔（一如我們對東南亞籍女性配偶的描述）。但如果從她們所處的特定環境時空來看，我們就能同情地理解，為何某些人無法脫離困境（例如無法聽懂電視的華語新聞）。這樣同情性的理解能為我們注入強大動能，希望以實際行動來改變制度、歧視，而非只是訕笑這群人是魯蛇，一味指責這些人不努力、不會自行掙脫環境。

　　最後，我要感謝所有巷仔口社會學的作者。讀者可以看到，貢獻給該部落格的眾多台灣社會學者，並不是基於自身利益來書寫這些短文，而是追尋更加公平正義的台灣社會，貢獻自己專長給哺育我們成長的台灣社會。他們沒有收到半毛錢的稿費，甚至本書出版後的版稅，也都捐給台灣社會學會，讓學會可以獲得額外的財務支援，服務更多社群人口。我要致上十二萬分的感謝，沒有大家的無私奉獻，這本科普社會學小書，是無法成形的。透過此書的印行，我們看到，台灣社會不是只有財團政客治國而已，還有一群熱血奔騰的傻子正衝出好幾條小路來用！

王宏仁

中山大學社會系教授，台灣社會學會理事長

2014.09.12

第一部　政治人生

葉高華　中山大學社會系

搖搖欲墜的臺灣民主？

從民主態度調查談起

多數臺灣民眾仍然缺乏身為國家主人的自覺，對於公共事務漠不關心，甚至凡事以去政治化為高尚。有什麼樣的民眾，就會選出什麼樣的政客。

2014 年 3 月 18 日晚上，一群「反黑箱服貿」的學生發動突襲，占領立法院議場。他們原本並沒有預期能夠支撐多久，但想不到在短短幾個小時之內，數千名學生蜂擁而出，包圍立法院，保護議場內的學生。隨後，一波接一波的學生趕赴立法院，聲援占領行動。無法前往現場的民眾，也默默

democracy

擔任後勤，以各種方式支援學生。為什麼這場占領行動能夠引發這麼大的迴響？他們究竟在反對什麼？

到底在反什麼？

事實上，「反黑箱服貿」的訴求可區分為兩個層次。第一個層次反對的是服貿本身，而這又包含三種聲音。第一種聲音反對自由貿易，無論是跟中國，還是跟其他國家。這種聲音來自左翼知識分子。第二種聲音支持跟任何國家（包括中國）自由貿易，但是反對目前的兩岸服貿協議，因為協議內容太糟，甚至違反自由貿易的精神。這種聲音主要來自右翼經濟學家。還有一種聲音，接受臺灣跟其他國家自由貿易，但是跟中國不行。為什麼？因為中國有併吞臺灣的野心，其他國家沒有。為了避免遭到併吞，臺灣經濟不能過度依賴中國。

「反黑箱服貿」的第二個層次是反黑箱，包含部分支持服貿的人、反對服貿的人、更多對服貿不置可否的人，但是他們都無法忍受政府一意孤行的蠻幹。這次學運的引爆點，其實是反黑箱而不是反服貿。很多人先是驚覺臺灣的民主體制幾乎快要被摧毀了，才開始關心服貿議題，然後發現服貿的問題，進而加入反服貿的行列。

臺灣的民主體制經歷五次總統民選、兩次政黨輪替。按照某些人的定義，這樣已經算是民主鞏固了，怎麼會那麼容易被摧毀呢？ 2008 年，我寫了〈走鋼索的民主〉，提到：

> 臺灣民主最大的隱憂，並不在於違法濫權的政客，而在於眾多缺乏民主自由信念的人民。假如民主自由並未成為大多數人最堅信不疑的信念，縱使這個國家擁有民主的一切形式，也是搖搖欲墜的。因為當政府開始侵害人

權、走向威權之時，仍將獲得強大民意的支持。於是，這個國家的民主體制很快就會土崩瓦解。

當時我引用臺灣社會變遷調查第五期第二次（2006 年）的數據，指出有過半民眾期待接受「聖人」的統治，而不是自己當主人。另外，有將近一半的民眾反對任何示威遊行，並且抱持有罪推定原則。我評論臺灣的民主體制走在鋼索之上，隨時都有可能掉下來。這篇文章發表之後，每年都被網友拿出來熱烈討論，反映這些年來臺灣民主的處境一再使人擔憂。

搖搖欲墜的臺灣民主狀況

那麼，這些年來臺灣民主的處境是變得更樂觀？還是更悲觀呢？很遺憾地，我必須指出，臺灣民主已經不止是走鋼索，而是快要掉下來了！讓我們再來看看臺灣社會變遷調查的數據。這次看的是 2010 年執行的第六期第一次調查，包含一系列民主價值量表。這個調查的母體，也就是我們想要獲得資訊的對象整體，是年滿 18 歲的臺灣民眾。這個調查的樣本，是 1,895 個受訪者。你可能會感到好奇，1,895 人的數據能夠代表全臺灣所有年滿 18 歲的民眾嗎？請放心，統計學告訴我們，只要樣本是以機率抽樣法從母體抽出，樣本的特性就可以說明母體的特性。這個調查訪問的 1,895 人，就是以機率抽樣法從母體抽出的。如果你還是不放心，我們再做個事後檢查：這 1,895 人的性別、年齡結構，完全與母體一致。因此，以下數據雖然只來自 1,895 人，但反映的就是全臺灣所有年滿 18 歲民眾的狀況。

首先，請看這一題：

我們想請教您一些對民主政治的看法：對於卡片上這三種說法，請問您比較同意哪一種？

結果如下：

對民主政治的看法

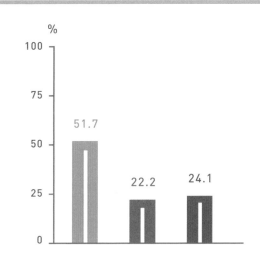

- 不管什麼情況下，民主政治都是最好的體制
- 在有些情況下，獨裁的政治體制比民主政治好
- 對我而言，任何一種政治體制都一樣

也許你覺得：還好，擁護民主體制的人還是有過半數。問題是，民主信念不像選舉那樣只要過半數就贏了。如果民主信念沒有成為大多數人（八至九成以上）的共識，民主政治根本就不穩固。

聰明的你可能會發現，這個題目對於民主的條件很嚴苛，必須接受「不管什麼情況下」；對於獨裁的條件很寬鬆，只要「在有些情況下」就行。如果去除那些前提，將前兩個選項改為：「民主政治是最好的體制」與「獨裁的政治體制比民主政治好」，那麼民眾選擇民主的比率必然大為提升。沒有錯，改變問題措辭會影響調查結果。但是，這個題目加上那些不對等前提是別有用意的。進行哲學討論時，我們經常把情況推到極端，看看你的信念會不會動搖。這個題目就

是想要考驗在最嚴苛的條件下，人們對於民主的信念是否能夠堅持。結果只有 51.7% 的民眾擁有堅定的信念，這樣的民主實在很脆弱。

更令人憂心的是，十年來臺灣民眾的民主信念呈現下滑趨勢。上述題目在 2000 年與 2005 年的調查中也曾經問過。比較三次調查結果，我們看到無論如何都擁護民主體制的人從 59.0% 下滑到 51.7%；接受獨裁體制的人從 15.8% 上升到 22.2%。2000 年，臺灣民眾不但見證第一次政黨輪替，對於民主政治也有較高期待。然而，隨著陳水扁的失敗、政黨政治的失能，許多臺灣民眾逐漸對民主政治失去信心。倘若這

2000-2010 年，臺灣民眾的民主信念呈現下滑趨勢

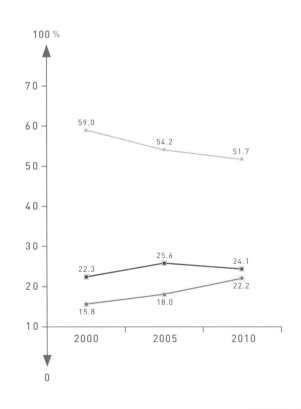

-  不管什麼情況下，民主政治都是最好的體制
- 在有些情況下，獨裁的政治體制比民主政治好
- 對我而言，任何一種政治體制都一樣

樣的下滑趨勢沒有改變，臺灣的民主體制還能持續多久呢？

也許你會期待，只要愈年輕的世代擁有愈強烈的民主信念，那麼臺灣的未來就會愈來愈光明。很遺憾地，我必須再次指出殘酷的事實：愈年輕的世代，對於民主體制愈沒有信心。下面的交叉表將受訪者分為五個年齡層。顯而易見，隨著年齡的降低，無論如何都擁護民主體制的比率愈來愈低；接受獨裁體制的比率愈來愈高。在 18-29 歲的民眾當中，只有 41.0% 無論如何都擁護民主體制；但有 34.7% 接受獨裁體制。這個現象簡直潑了我們的公民教育一盆冷水。我個人的猜想是，較老的世代親自嘗過獨裁的滋味，因此對於民主體

**對民主體制的信念，
隨年齡層下滑**

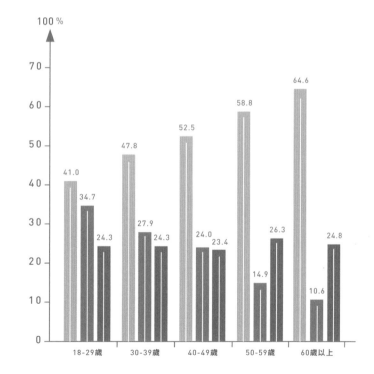

- 不管什麼情況下，民主政治都是最好的體制
- 在有些情況下，獨裁的政治體制比民主政治好
- 對我而言，任何一種政治體制都一樣

制有較強的渴望。然而，最年輕的世代無法體會前人爭取民主、自由、人權的艱辛，卻經歷了陳水扁的失敗與政黨政治的失能，因而對民主體制產生懷疑，甚至去想像獨裁體制可以改變這一切。倘若這樣的趨勢沒有改變的話，臺灣的民主體制將會終結在年輕世代的手中。

　　下面這一題也顯現最年輕的世代對於獨大的行政權有所嚮往。提問是：你是否贊成法官在審判影響治安的重大案件時，應接受行政機關的意見。結果如下。

　　這一題加上「影響治安的重大案件」這樣的前提，也是刻意把情況推到極端，考驗民眾對於司法獨立的信念會不會動搖。結果最年輕的世代不夠堅持司法獨立，有超過半數支持行政干預司法。

你是否贊成法官在審判影響治安的重大案件時，應接受行政機關的意見？

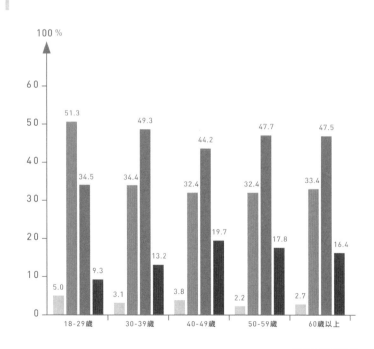

有什麼樣的民眾，就會選出什麼樣的政客

　　我要強調的是，別以為有了總統民選，有了政黨輪替，臺灣的民主化就已經完成了。大錯特錯！臺灣的民主社會仍是未竟之業，非常脆弱，而且諸多跡象顯示正在倒退！其原因，就在於多數臺灣民眾仍然缺乏身為國家主人的自覺，對於公共事務漠不關心，甚至凡事以去政治化為高尚。有什麼樣的民眾，就會選出什麼樣的政客。當我們批評政客骯髒齷齪時，別忘了反身自省：是誰提供錯誤誘因，鼓勵這樣的人一再當選？沒有嘗過獨裁滋味的年輕世代，這次可要好好品嘗一下。當你的利益被統治者出賣時，即使你再怎樣大聲疾呼，統治者就是聽不見，完全不把你當一回事。請想清楚，這真的是你要的政治體制嗎？

　　最近接連發生的黑箱課綱、黑箱服貿可謂是對年輕世代的一場震撼教育。而太陽花學運則讓我看到年輕世代的覺醒。年輕人必須扭轉民主信念每下愈況的趨勢，臺灣民主才不會像蛋形人偶 Humpty-Dumpty 那樣摔碎[1]。我多麼希望二十年後再來看臺灣社會變遷調查（假如還有）時，民眾堅持民主信念的比率已達到八至九成。只有這樣，臺灣的民主才稱得上是鞏固。屆時，《百年追求：臺灣民主運動的故事》勢必得出第四卷，而書中的主角將會是年輕世代的你們。

注 1：Humpty-Dumpty 出自英國童謠，指有些事情一旦發生，就再也無法挽回了。
Humpty Dumpty sat on a wall,
Humpty Dumpty had a great fall.
All the king's horses and all the king's men
Couldn't put Humpty together again.

難以對話的兩種民主觀？

秩序、政府效能 vs. 自由、人權保障

王奕婷　瑞典哥德堡大學政治系

台灣民眾多元的民主想像也解釋了服貿相關爭議中，不同立場者雖皆訴諸民主，但雙方的「民主」卻似乎很難對話。

　　民眾的「民主信念」，亦即是否相信「民主」是比威權政體更好的政府體制，是政治學者在判斷新興民主國家能否維持民主時的重要指標。台灣的民主危機，或許不僅在於民主信念滑落，而更來自不同人群對於「民主」有相當殊異的理解與想像，且其中有相當一部分的理解，大異於政治學理論中對民主的定義。

democracy

政治學者對於當代自由主義民主的核心原則，有一些鬆散的共識。首先，政府領導人必須經由定期而公平公開的選舉產生，政黨在選舉中公平競爭，而人民普遍擁有選舉與被選舉權，並有制度設計使政府政策能依從民意。在此過程中，人民被賦予各項自由權利，例如自由表達意見、集會結社、參與政黨或利益團體；媒體能夠自由報導，而人民能接觸不受政府控制的多元訊息。為了保障人民（包含少數意見者）的各項自由權，政府需依法而治，有獨立的司法機關、分權制衡。此外，為了更加促進公民的平等參政，必須縮短社經條件的差距。整體而言，人民公平而充分的政治參與以及競爭、各項自由權利的保障，都是當代自由主義民主的核心主張。

然而在日常語言的使用中，「民主」是個充滿歧義的概念。「少數服從多數」常被視為民主的核心，而「守法有序」、「不妨礙他人」在許多人心中也與民主扣連。就以太陽花學運所引發的爭議為例，正反雙方的論述都強調己方立場才維護了民主。學運支持者指出三十秒黑箱不但顯示代議士與執政黨漠視民意，更破壞了立法審議的程序與原則，因此重創台灣民主體制，而公民抗爭的行動不但是人民的權利，更實踐了人民主權，能夠補強被代議士傷害的民主。而反對者則堅稱抗爭的行動反而才是違反法治、破壞民主。

既然民主的詮釋能夠如此多元，甚至立場殊異者都能以民主為名相互詰問，那麼當受訪者在民調中表示「民主體制是最好的體制」時，心裡想像的又是怎樣的民主呢？

中研院政治所的「亞洲民主動態調查」問卷中，除了詢問受訪者是否認為民主體制是最好的政府體制之外，還設計了一系列的題組想要了解受訪者所認為的「民主」究竟為何。本文採用了於 2010 年初在台灣執行的調查，想要知道，在這些受訪者眼中，民主的定義究竟為何？是否由於民眾對於民主的不同理解而有了不同程度的民主信賴？

民主是什麼的世代理解差異

　　該問卷中有一題組，詢問受訪者：在卡片上的四項說法
當中，您認為哪一項是民主最為重要的特徵？

台灣民主動態調查：不同年齡層對民主的不同理解
A 題組

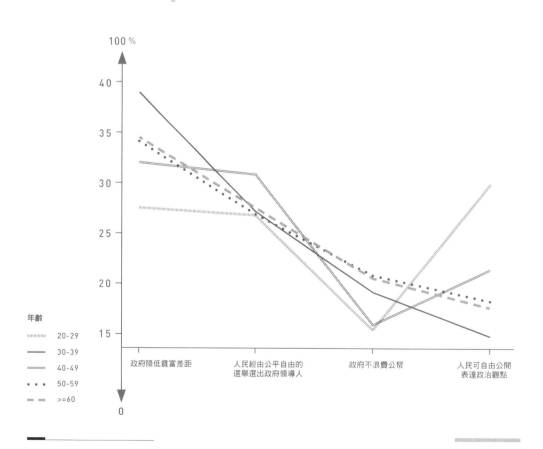

年齡

．．．．．．． 20-29

────── 30-39

────── 40-49

．．．．． 50-59

━ ━ ━ >=60

政府降低貧富差距　　人民經由公平自由的　　政府不浪費公帑　　人民可自由公開
　　　　　　　　　選舉選出政府領導人　　　　　　　　　　　表達政治觀點

在這個題組中，受訪者在「政府降低貧富差距」、「人民經由公平自由的選舉選出政府領導人」、「政府不浪費公帑」以及「人民可自由公開表達政治觀點」四個說法當中，選出他們認為民主最重要的特質。在這四個選項中，「經由公平自由的選舉選出政府領導人」與「自由公開表達政治觀點」都是自由主義民主的核心定義，分別強調了人民的政治參與以及自由權。「政府降低貧富差距」此一選項雖不是當代自由主義民主的核心特徵，卻是有助於平等政治參與的重要條件。而「不浪費公帑」側重於政府效能，並非民主的特質，威權政體也可能有相當的治理效能。除「不浪費公帑」外，其餘三項雖受強調程度不同，但都大抵符合理論中對民主的描繪。

整體而言，各有三成左右的人分別認為，「政府降低貧富差距」或者「經由公平自由的選舉選出政府領導人」是最重要的民主特徵；各有大約兩成的受訪者則分別認為「不浪費公帑」或「自由表達政治觀點」在這四項當中最為重要。以這個題目而言，多數受訪者的理解與民主的核心理念沒有太大差異。

前頁圖顯示了不同年齡受訪者的選擇。值得注意的是，最年輕的世代對於民主有著最為接近教科書的理解，而與其他世代差異甚大。超過三成 29 歲以下的受訪者認為表達政治觀點的自由是最重要的民主特質，且絕大多數不認為政府效能是很重要的民主定義。

台灣民主動態調查：不同年齡層對民主的不同理解
B 題組

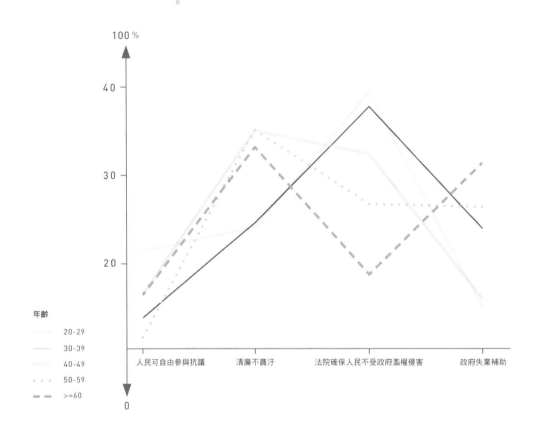

　　在另一個題組中，受訪者則在「人民可自由參與抗議」、「政府清廉不貪汙」、「法院確保人民不受政府濫權的侵害」，以及「政府提供失業補助」這四項當中，選出最重要的民主特質。「參與抗議」以及「不受政府濫權侵害」都是自由主義民主的重要主張。「失業補助」並非民主的核心定義，但能夠促進平等政治參與的可能。最後，「清廉」亦屬於政府效能，並不是民主的定義，亦非民主所能必然帶來的良好結果。

整體而言，有三成的受訪者分別認為「清廉不貪汙」或者「法院確保人民不受政府濫權侵害」是這四項當中最重要的民主特質。22% 的受訪者認為失業補助最為重要。僅有 15% 的受訪者認為自由參與抗爭是最核心的民主特徵。認為「清廉不貪汙」是民主最重要特徵的比率竟是「自由參與抗議」的兩倍之多，大異於民主實際上的定義。在這四項當中，不同年齡的受訪者亦有極大差距，與上一題類似，年輕世代（尤其是 29 歲以下）特別強調公民自由權是民主的核心特徵，而相對之下較不把政府效能視作民主的重要定義。

台灣民主動態調查：不同年齡層對民主的不同理解
C 題組

　　另一題組，受訪者在「政府確保法律與秩序」、「媒體可自由批評政府」、「政府確保所有人工作機會」以及「多黨在選舉中公平競爭」這四項中選出自己認為最重要的民主特徵。「多黨公平競爭」以及「媒體可自由批評政府」都是民主理論的核心主張。「公平的工作機會」能促進平等參政的可能。民主法治的意涵在於依民意而制定的法律凌駕於統治者及所有人民之上，政府需依法而治。這樣的意涵與「政府確保法律與秩序」這一項中對秩序的強調有些落差。

　　整體而言，約四成的受訪者認為這四項當中最重要的民主特徵是「政府確保所有人工作機會」，而 35％ 的受訪者認為「法律與秩序」最為核心，僅有 7% 以及 18% 的受訪者分別認為「媒體可自由批評政府」或「多黨在選舉中公平競爭」是最重要的民主特質。這樣的理解反映了台灣民主發展過程中對安定與秩序的強調，卻相對忽略了多黨公平競爭與多元資訊來源這些民主的核心意義。在這一題當中，世代選擇的差異較小。

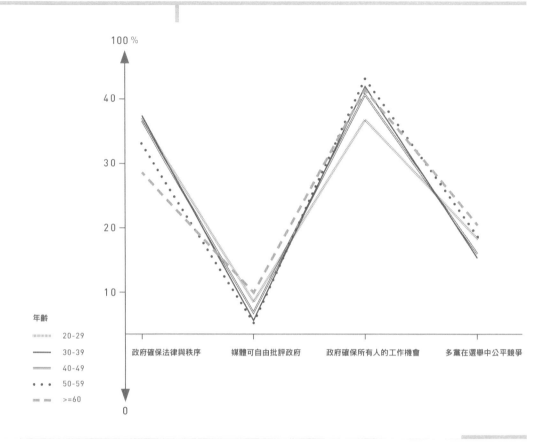

democracy

民主理解的藍綠差異

　　上面分析顯示台灣民眾對於「民主」的理解相當多元。
促進社經條件平等被許多人認為是民主的首要特徵。除此之
外，有相當比例的民眾認為政府效能、法律秩序是更為重要
的民主定義。而世代間的比較則顯示，年輕世代格外重視參
政權的發揮以及自由權利的保障，與其他世代有顯著差異。

　　不同政治立場的受訪者是否對民主也有不同的想像呢？
右頁的圖以受訪者在 2008 年總統大選的選擇進行交叉分析。

台灣民主動態調查：A 題組的藍綠差異

　　針對這四個選項，不同政黨傾向的受訪者中都有最大比率的人認為降低貧富差距是最重要的，次多的人認為公平自由的選舉最重要。綠營支持者中有 23% 的人認為自由表達政治觀點是最重要的民主特徵，然而藍營中只有 17% 的人這樣認為。此外，相較於綠營支持者，藍營中也有較高比率的民眾認為「降低貧富差距」或「不浪費公帑」是最重要的民主特徵。

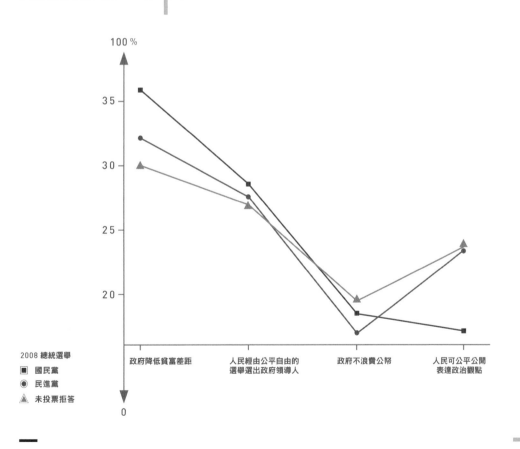

台灣民主動態調查：B 題組的藍綠差異

　　針對這四個選項，藍綠支持者的差異更大。藍營中約
35% 的受訪者認為清廉不貪汙是最重要的民主特質，31% 則
認為法院確保人民不受政府侵害最為重要，僅有約 13% 認為
自由參加抗議是重要的民主定義。相對地，綠營中最高比率
的受訪者認為法院確保人民不受政府侵害最為重要，27% 認
為清廉不貪汙最為核心。相對於藍營，綠營中有二成受訪者
認為自由參加抗議是最核心的民主定義。

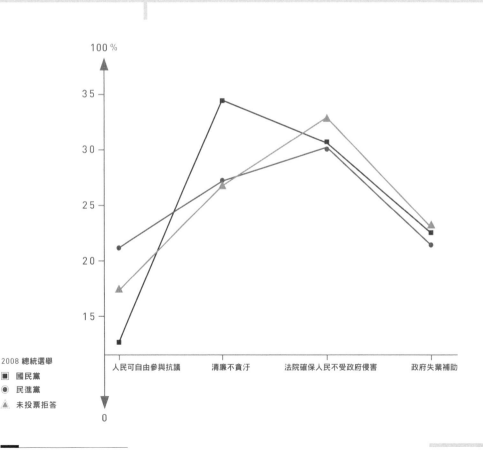

2008 總統選舉
■ 國民黨
● 民進黨
▲ 未投票拒答

台灣民主動態調查：C 題組的藍綠差異

　　針對這四個選項，藍綠間的差異亦相當顯著。藍營中超過四成的受訪者認為法律與秩序是最重要的民主意涵，而僅分別有 15% 與 5% 的受訪者認為多黨競爭與媒體自由是民主的重要特徵。在綠營中，有顯著較高比率的民眾認為多黨競爭與媒體自由是民主的核心特質，分別為 22% 與 8%，但亦有 26% 的綠營受訪者認為法律與秩序更為重要。

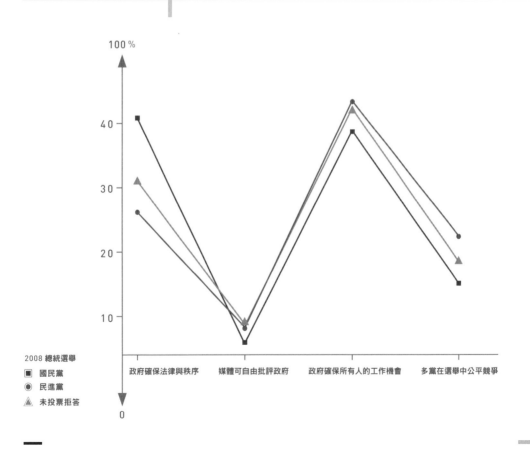

難以對話的兩種民主觀？
秩序、政府效能 vs. 自由、人權保障

這三張圖的比較，顯示藍綠陣營支持者的民主想像有相當大的差距。這個差距反映出台灣政治變遷過程中，不同政黨以不同論述來說明自己的立場，雖皆高舉民主，卻描繪了樣貌差距甚遠的「民主」。國民黨對於「法治」的強調一直勝過對民主其他面向的著墨，在台灣民主轉型的過程中，反對運動提出改革要求時，國民黨長期以來的回應向來就是守法與秩序。

將近四成的藍營支持者，將政府效能與法律秩序視作最重要的民主特質，然而人民自由表達政治主張、多黨競爭這些民主理論的核心定義，卻僅有兩成以下的藍營支持者重視。

整體而言，無論是否支持民主體制，台灣社會中有相當比率的民眾所想像的「民主」與人民主權、自由權利保障這樣的民主核心理念有一些差距。這自然與國民黨長期以來將守法安定、政府效能與「民主」相連有關。年輕世代特別重視參政權的發揮以及表意與結社等自由權利的保障，這可以解釋為何年輕世代格外反對媒體壟斷、認為走上街頭表達意見理所當然，更對公投盟被驅離感到義憤。這樣多元的民主想像也解釋了服貿相關爭議中，不同立場者雖皆訴諸民主，但兩邊的「民主」卻似乎很難對話。

democracy

司法改革路迢迢

社會學的觀點

王金壽　成功大學政治系、中山大學社會系合聘

我們已經進入很複雜的司法體系，無法單純只靠鄉民的一句口號或是一個指令，就獲得司法正義。

　　「我們很難不做這樣的結論：如果律師不研究經濟學和社會學，那他很容易就成為全民公敵。」這段廣為流傳的名言，是美國知名大法官布蘭德斯（Louis D. Brandeis）引用自當時芝加哥大學教授韓德森（Charles Henderson）的話。

　　如果這一句話是對的，那下一個問題是：台灣的司法界

（廣義地包含法官、檢察官、律師和學界）有多少人在研讀經濟學或社會學？答案很清楚，大部分的法律學系學生都只把社會科學當成營養學分，因為國考不考。同樣的情況也發生在大法官身上。一位曾經擔任台灣大法官助理的學者就指出，部分大法官不僅沒有民主政治理念，也缺乏憲政意識，大法官這個職位對他們而言，只是個「榮譽職」，他們可能都忙著出書、演講，甚至在學術期刊當編輯。

如果司法界不讀社會科學，那我們退而求其次，社會科學界又提供了多少知識給司法界或一般社會大眾？很可惜，相對於其他領域，司法實證研究幾乎是少得可憐。

我們先不管社會科學家為何不做司法實證研究，但這個現象至少有兩個後果：第一，我們分不清楚司法界中，哪些是好人或是壞人，最後的結果就是，我們常依照自己的有色眼光去看待司法。第二，缺乏實證和理論基礎的司法改革，常有意外的後果。

司法實證研究告訴我們什麼

司法實證研究強調法律實際被應用的情況，而不是討論法律條文的釋義學。例如，關於司法獨立，司法實證研究不會像許多法學著作只搬出中華民國憲法第八十條：「法官須超出黨派以外，依據法律獨立審判，不受任何干涉。」而是進一步去探討，台灣的司法人事制度、分案制度以及法官的個人意識型態和政黨立場、媒體、社會壓力等，是否影響到法官的判決。

一個司法界，兩個「林輝煌」

1994 年 5 月 12 日，當時台中地院法官林輝煌投書《中國時報》「我是法官，我不願『草菅人命』……」這個投書有幾個重點，林法官向「老闆」報告他的意見，這裡的老闆

是全體國民，可不是總統！他知道他的權力是來自全體國民的授權與信任，而不是他的庭長、地方法院院長或司法院長。在這短短的文章中，他點出幾個很重要的司法運作困境，例如合議庭竟然沒有祕密評議的房間（這個問題到現在都沒完全解決，當然更重要的問題是，有多少合議是真正被落實）。林輝煌法官也提到，他很想辭職。每個月約八十件的結案量，他不僅必須犧牲健康，也沒有時間與家人相處，更嚴重的是，可能犧牲了當事者的權益。

林法官的投書雖然指出司法實務的嚴重問題，但並沒有得到太多迴響。唯一的例外是當時清大「社人所學生會」寫給《中國時報》的回應：「如果法院是工廠，法官在生產線上處理人權。」這些學生除了對林輝煌法官的投書有很大的感動，想表達敬意之外，也指出：「法院其實不是一個崇高的人權聖境，現行的司法工作從事的不一定是對人民的權利的保障，而是一個判決生產線的勞動，法院可能是生產線，這把尚方寶劍所作的，可能是草菅人命。」

當年清大社人所的學生雖然是社會科學界的鳳毛麟角，同情也理解一個基層好法官所面臨的困境，但他們不知道的是，林法官當時已經開始與一群基層地院法官進行司法獨立改革（事務分配運動），接著參與司法人事審議委員的選舉，進行人事改革。過了幾年，林法官是台灣第一批由高等法院「自願」調到地方法院的法官（許多三審或二審法官到一審是擔任庭長或院長），這和司法體系內的傳統「升官圖」完全相反。對林輝煌法官而言，「升遷圖是司法獨立的天敵」。他堅持他的理念，不願意擔任任何行政職，只願意擔任法官。十幾年了，他到現在還在地方法院默默堅守崗位，實踐司法正義。

司法界有另一個林輝煌，但任職於檢察體系。兩個林輝煌，有著不同的人生歷程、不同的司法理念、不同的風格、不同的評價。林輝煌檢察官最有名的事件，是擔任美麗島事

件的起訴檢察官，之後出任地檢署檢察長及司訓所（司法官學院的前身）所長，也曾經在馬英九擔任法務部長時，代表法務部參與羈押權釋憲案。政黨輪替後，他的職業生涯似乎沒有受到太多影響。陳定南擔任法務部長時，向總統府推薦林輝煌所長出任台灣的大法官，也找他出席真調會條例釋憲案的憲法法庭。他現在還是常受邀到各大學法律系演講，也在「修復式正義與司法人權」研討會上擔任主持人。十幾年了，他還在司法官學院（加上司訓所時期）擔任院長，繼續「培育」我們下一代的法官和檢察官。

　　兩個林輝煌的故事在司法界不是特例，到處可見。約二十年前，台中地院的法官開始進行改革時，士林地院的民庭庭長鄭勤勇找了民庭法官林俊益及刑庭庭長張清埤帶頭，請該院其他法官捐錢打造一條「黃金船」（真黃金），送給當時他們眼中即將「高升」司法院副秘書長的院長林國賢。金船代表「一帆風順、節節高升」。林俊益現在是司法院刑事廳廳長，張清埤現在是新北地院院長。

良好的意圖是通往地獄之路：混亂的司法改革

　　最近關於司法關說以及國會監聽等疑案，這些事件的制度性起源是 2006 年的〈法院組織法〉修法。首先，檢察總長改為總統提名，經國會通過之後任命，並且得到四年任期的保障。另一個重大的歷史進展，是檢審會法制化，取得合法性地位。同時檢審會委員的組成方式，「民選」（其實是檢察官選的）檢審委員改為九位，超過「官派」委員（當然委員）的八位，這是基層檢察官劃時代的重大勝利。第三個重大進展是中央特別偵查處（簡稱「特偵組」）的成立。這些修法最大的效果，是增加了檢察體制的獨立性，同時擴增了檢察體系內部的權力。簡而言之，如檢改會所言，這是「十

justice

年檢改的里程碑！」

推動修法團體由原本少數幾位檢察官，擴大到由檢改會、民間司改會、泛紫聯盟、台灣透明組織、律師全國聯合會、台北律師公會、台灣人權促進會、台灣法學會和乾淨選舉促進會，一起發起成立「反貪腐行動聯盟」。到最後，連帶有相當官方色彩的「中華民國檢察官協會」（檢協會）也加入支持修法的行動。

檢察官支持推動這樣的修法，不難理解。除了他們自己的理念之外（不管我們同不同意），這個修法對檢察體系或個別檢察官是擴權行動。比較不解的是，民間司改會和台北律師公會等具有法律專長的團體，長久一來一直批判法官和檢察官濫權、需要被監督，但卻支持了一個讓檢察體系擴權和越來越不受監督的法案。缺乏實證和理論基礎的司法改革，不僅達不到原先改革的目的，更糟糕的是，會帶來跟原先目的相反的結果。

同樣的案例，也發生在〈法官法〉立法。其實，只要願意花一點時間了解實務以及國外關於「司法委員會」（決定法官的升遷、調動和懲處，在有些國家甚至負責司法行政管理）的經驗和研究，就會知道法官和檢察官人事調動權，對於監督司法和民主政治有多麼重要。很可惜的是，兩次的修法，都不願意認清司法界的現況，也不願意去參考既有的實證研究，經常是法律人以法對法論戰。兩次的修法都是法律人主導，之後的人審會和檢審會也是由法官和檢察官主導。簡而言之，這些組成份子幾乎是法律人占了絕對支配性的地位。這有可能像紐西蘭那樣，被批評為「自我選擇的法律特權階級」，並且排除任何可能挑戰法律體系主流的理念，也更不可能回應社會變遷的需求。

法律人應該盡最大努力幫助人民提升民主的品質，而不是以專業或司法獨立之名來逃避人民的監督，不管是法官、檢察官，還是律師。簡而言之，現有的是一部缺乏民主政治

理念和可問責性的法官法，任何對民主政治存有一點點希望
和信心的人，都應該對這部〈法官法〉非常失望。

認清司法歷史與現況是邁向健全司法的第一步

「法治」（the rule of law）此一說法，其實多少有點誤導，
如桑契斯－昆卡（Ignacio Sanchez-Cuenca）所說：「法律無能治
理，治理是一種行動，而法律無法行動。」不管我們同不同
意美國大法官休斯（Charles Evans Hughes）所說，「我們是在一
部憲法之下。但憲法是什麼，是法官說了算。」決定法律如
何被執行的是這群法律人。這些法官、檢察官和律師的個人
特質、意識型態或是階級出身，都有可能影響法律如何被應
用與執行。要實踐司法正義，不能不對法官、檢察官和律師
有所了解、規範與監督。

同樣的，我們已經進入很複雜的司法體系，無法單純只
靠鄉民的一句口號或是一個指令，就獲得司法正義。一個健
全的司法制度是實現司法正義的必要條件。然而，我們對於
現有司法制度存在的問題，例如司法人事權、評議制度，甚
至法官、檢察官和律師的工作環境，經常缺乏足夠的認知，
更不用說提出可行的改革辦法。

認清司法的歷史與現況，只是我們邁向比較健全的司法
體系的一小步。如果我們連這一步都不願意跨出，那我們只
好坐在電視機前看著名嘴爆料司法八卦、在臉書轉貼譴責司
法不公不正的訊息，然後繼續讓法律人統治我們。

軍隊集體霸凌的社會學分析

從洪仲丘死亡談起

田畠真弓　Tabata Mayumi　東華大學社會學系

科賽認為，異端分子常常忽略傳統的群體規範，或對群體的規矩提出另類解釋，並透過不同手段要求維護群體的價值和利益，因此群體內的成員常把異端分子視為破壞群體秩序的危險分子，對他們的反應有時比對叛徒更充滿敵意。

bullying

本文目的並不在於探討應該如何改進或改革時下兵役制度等相關問題，而在於從社會規範與人際網絡的觀點，試圖比較、探討台灣與日本軍隊霸凌的實況，以便理解在「軍中

社會場域」所遇到的各種人際互動的危機。

日本自衛隊的歷史背景與定位

第二次世界大戰後，根據日本憲法第九條，日本必須放棄攻擊他國的軍事權力，只能夠保留「自衛隊」，以維護日本國家安全。但當今日本自衛隊的防衛能力已與其他國家的軍隊無異，同時也跟美國政府進行軍事協調與合作，因此在國際和平安全事務上扮演相當重要的角色。

日本自衛隊是由防衛省管理，由日本「內閣總理大臣（首相）」領導。轄下設十二個機關，包括「陸上自衛隊」、「海上自衛隊」、「航空自衛隊」、防衛大學校（國防大學）、防衛醫科大學校（國防醫學大學）、防衛研究所（國防研究院）等單位。東亞鄰近國家如台灣及韓國都實施義務役，但如前所述，第二次世界大戰後日本國憲法禁止義務役，日本政府將徵兵制改為募兵制。日本青年參加募兵的主要動機是獲取穩定收入、迴避經濟不景氣，以及無償取得大小型汽車的駕駛執照（在日本欲取得駕駛執照需花費約日幣 30 萬元，相當於台幣 8、9 萬），這與自願為國家效勞的愛國心似乎無關。

自衛隊隊員被列為國家公務員，新進隊員月薪平均約日幣 18 萬元（相當於台幣約 4 萬 8 千元至 5 萬 5 千元），幹部級年薪平均日幣 700 萬元（相當於台幣約 188 萬至 212 萬）。待遇算是高等水準，但根據日本國內調查數據顯示，自衛隊與防衛省事務官的自殺率相當高，2008 年自殺人數高達 83 人，2001-2008 年，陸上自衛隊自殺身亡的人數比率平均每 10 萬人有 37 人，海上自衛隊平均每 10 萬人有 36.3 人，遠遠超過日本公務員整體每 10 萬人有 19.2 人的平均自殺率（請參照右頁圖）。在台灣，國防部表示，以 2011 年為

例，國軍自殺身亡的人數平均每 10 萬人僅有 7.1 人，較行政院衛生署所公布 2006-2010 年國人自殺身亡平均每 10 萬人有 16.8-19.3 人還低。但據國內媒體報導，國軍 2000-2012 年有 332 人自殺，每年平均有 26 名軍人自殺死亡，實際狀況相當嚴重。同時也有報導指出，2012 年 1 月 10 日到 5 月初，國軍部隊出現 15 件自殺案件，這期間，平均每 15 天有一人自殺。

日本中央政府公務員 2001-2008 年所屬機關別自殺率 / 每十萬人

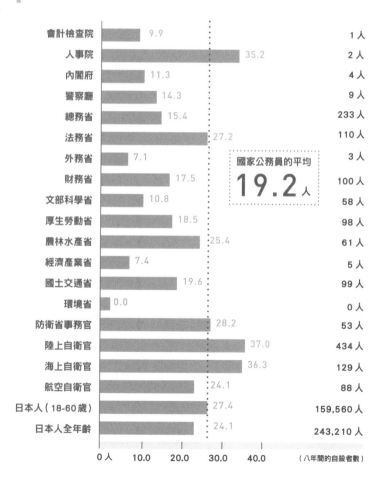

機關	自殺率	八年間的自殺者數
會計檢查院	9.9	1 人
人事院	35.2	2 人
內閣府	11.3	4 人
警察廳	14.3	9 人
總務省	15.4	233 人
法務省	27.2	110 人
外務省	7.1	3 人
財務省	17.5	100 人
文部科學省	10.8	58 人
厚生勞動省	18.5	98 人
農林水產省	25.4	61 人
經濟產業省	7.4	5 人
國土交通省	19.6	99 人
環境省	0.0	0 人
防衛省事務官	28.2	53 人
陸上自衛官	37.0	434 人
海上自衛官	36.3	129 人
航空自衛官	24.1	88 人
日本人（18-60 歲）	27.4	159,560 人
日本人全年齡	24.1	243,210 人

國家公務員的平均 **19.2** 人

0 人　10.0　20.0　40.0　（八年間的自殺者數）

以日本集團主義社會的角度來看，如日本著名的社會學家中根千枝指出，日本人通常會清楚劃分集團的局內人與局外人，「『內』『外』的意識很強，這種感覺若尖銳化，則局內人對待局外人的態度，就像不把他當人看一般。」而且日本人認為，只要沒有局外人，局內人便可在自己的圈子裡為所欲為。日本人對局外人常會非常冷淡、疏離，甚至有形同敵意的排他性。

在日本社會結構中，從國小到大學，甚至在工作場所，都有嚴重的欺負與霸凌問題，不少受害者被迫走上自殺之路。此種嚴重霸凌與日本集團主義有著密切的關係，特別是軍中生活強調極端的集體精神，自衛隊隊員一旦違反軍中團體規範與規矩，必定受到長官與前輩的教訓與羞辱，霸凌事件一直層出不窮。

日本集團主義下的「叛徒」制裁：自衛隊的集體霸凌

2008 年 9 月，日本廣島縣海上自衛隊訓練學校「特別警備課程」發生一件悲劇，一名即將離開特別警備課程的隊員在與 15 名隊員連續格鬥後不幸死亡。特別警備課程的目的是培養特殊部隊「特別警備隊」隊員。該隊員 2008 年 8 月志願參加特別警備課程，後來由於沒有自信繼續接受該課程，因此申請辭退，並將調離至別的課程。格鬥訓練 9 月 9 日下午 4 點在兩名教官的監督下開始，該隊員連續與 15 名隊員一對一格鬥，下午 4:45 左右被第 14 名隊員一拳擊倒，意識昏迷，被送到醫院，9 月 25 日死於急性硬腦膜下血腫。在格鬥訓練過程中，當該隊員倒地時，一旁監督的兩位教官與其他士兵仍強迫該隊員重新站起，繼續格鬥。

依據事故調查委員會的調查報告，在特別警備課程中，

一般並沒有與 15 名連續格鬥的「異常」訓練，但除了該隊員之外，同年 7 月另外一名隊員同樣於即將離開特別警備課程之際，在教官的強迫要求下，接受與 16 名隊員格鬥的魔鬼訓練，最後造成牙齒碎裂的嚴重傷害。教官對遺族說，因為隊員即將離開課程，因此他們希望把格鬥魔鬼訓練當成「餞別的禮物」。海上自衛隊特別警備隊認為，在該課程中，教官以格鬥魔鬼訓練為名目，對於即將離開課程的隊員進行的集體霸凌，早已經成為常態。

從「社會衝突」概念的角度來說，衝突具有加強群體聚合的功能。美國著名社會學家科賽（Lews A. Coser）重新整理齊美爾（George Simmel）的命題指出，「衝突有助於建立和維持社會或群體的身分和邊界線。和外群體發生衝突，有助於建立和重新肯定群體身分，並維持與周圍社會環境的界線。」群體透過與外群體發生衝突，加強群體內的凝聚力，排斥外群體的成員以維持群體邊界。「關係越密切，衝突越激烈」，假若群體內的成員看到原來和他們共同經營群體的生活夥伴放棄承擔群體運作的責任，決定離開這個群體，他們會採取相當暴烈的方式來制裁這個「叛徒」。筆者認為，日本海上自衛隊的集體霸凌事件，便是制裁叛徒以加強群體凝聚力的代表性案例。

2012 年發生在日本陸上自衛隊的霸凌事件，也是制裁群體內「異端分子」的例子。科賽認為，異端分子常常忽略傳統的群體規範，或對群體的規矩提出另類解釋，並透過不同手段要求維護群體的價值和利益，因此群體內的成員常把異端分子視為破壞群體秩序的危險分子，對他們的反應有時比對叛徒更充滿敵意。2012 年 5 月，日本北海道旭川市的陸上自衛隊發生霸凌事件，五名教官在教育訓練時，用熨斗燙士兵屁股、用曬衣夾夾士兵下體以及強迫女士兵食用加入過量辣醬的洋芋片等，其中一名士兵受到輕傷。這五名教官曾

用力踢遲到士兵，使其大腿遭受重擊，更以木棒毆打正在做
伏地挺身的士兵背部等，平常也習慣用拳打腳踢處罰士兵。

台灣軍中社會場域的人際互動關係與霸凌事件

　　台灣採用義務役，義務役役男與志願役官兵之間容易
因立場與背景不同而產生激烈衝突與摩擦，洪仲丘事件也是
由這類衝突所引起。在相當封閉的軍中社會場域，范佐憲等
幾名士官透過各種人際關係網絡操控軍中資源，從中拿取私
人利益。洪仲丘是義務役役男，對於范佐憲等志願役長官而
言，算是軍中社會人際網絡的圈外人，也是異端分子。我認
為，洪仲丘有可能以公平的原則，試圖阻擋范佐憲等長官透
過軍中人際網絡控制資源與獲利管道，希望將軍中社會場域
改成人際關係較開放、資訊公開以及符合公正原則的空間，
但范佐憲等幾名長官認為，洪仲丘的行為只是「得罪人」，
他是不懂軍中社會規範的危險分子。

　　社會行為研究結果發現，華人社會相當重視「人情」、
「面子」、「關係」以及「報」的規範，因此與互動對象之
間的「關係判斷」，乃是華人社會權力遊戲的第一個步驟。
在傳統華人社會，人與人進行社會交易時，「人情」是促成
資源流動的主要動力。人們往往為了「做人情」，而透過金
錢、財貨或服務等資源向對方表達自己的誠意。但過度重視
人情的人際互動模式會導致「走後門」、「拉關係」以及「搞
關係」等問題。立委蔡其昌指出，「為什麼他（范佐憲）能
在軍隊生存，經營這樣（高利貸）的事業，（爆料人說）是
因為他對軍官不收利息，小兵就是他獲利來源。」如此看來，
范佐憲相當擅長操弄軍中的人際關係，透過非公正公平的方
法掌握軍中的資源與權力。不少人眼見類似的情況，卻因隻
身處於大環境，不得不發揮社會服從性，扮演「順民」角色，

服從權威，以免與長官產生衝突，而洪仲丘卻是充滿正義感的圈外人，因無法忍受軍中社會場域常態化的不道德行為，常與范佐憲衝突，結果遭范佐憲與其夥伴以不合常規的方式虐待致死。

在台灣差序格局的社會結構中，某些軍官與其他軍官勾結以取得軍中的資源與利益，甚至採用小團體的方式制裁「得罪人」和不懂軍中社會關係的「異端分子」，以控制、強化獲取軍中資源與利益的管道。軍中長官試圖採用不正當的策略控制組織結構資源及利益，並透過軍事組織結構操弄小兵，此情況即為軍中社會場域的黑暗面。

軍事組織結構的內在矛盾須檢討

透過台日軍中霸凌事件的比較分析，得到的啟示為：個人採用不正當的策略與他人勾結而組成小團體，目的是為了控制組織的權力結構，而結果導致集體霸凌等重大事件，不過其殺傷力相當強烈，甚至也可能破壞整體組織權力結構。集體霸凌事件的發生，意味著軍事組織權力結構的脆弱性與內在矛盾，無論是日本自衛隊募兵制或台灣徵兵制，國家必須重新檢討並改善軍中人權及軍中社會場域封閉性等問題。

恐懼的修辭

恐怖主義與民主的反挫

董建宏　中興大學景觀與遊憩碩士學位學程

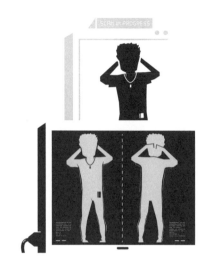

眾人感受到的恐懼，特別是因為可能的恐怖攻擊就發生在日常生活之中的那種恐慌、恐懼感受與氛圍，其實是占有社會多數資源的統治者躲在後面利用權勢與權力所創造出來的感受，用以支配與規範民眾在日常生活中的行動。

在 911 事件之後，這不知已經是我第幾次通過洛杉磯機場海關了！日前赴美參加一場學術研討會，通關又花了一個多小時，當時網路不通，完全無法打卡或上網，在號稱全球

fear

連結的時代，那等候的一個多小時，像是與當代世界隔絕。911 事件十多年後，宣稱要「改變」的美國總統繼續連任，移民檢查關卡還是一樣擁擠、緩慢，令人不耐與不滿。

漫漫無盡的等待，移民官冷漠、冗長、嚴厲的質詢，類似刑犯的攝影與指紋按壓程序，這些場景的鋪陳，不正是在提醒即將入境的美國公民與國際人士，恐怖主義確實存在嗎？事實上，恐怖主義真正令人恐懼的地方，不僅僅只是在恐怖行動當下造成的重創，更恐怖的，是造成社會擴大管制民主體制、自由社會中的權利，及對生命尊嚴的自我管制。

我們的恐懼情緒指數，
預測出我們喪失了多少自由尊嚴

在防止恐怖主義的巨大壓力下，我們或主動或被動地犧牲了民主的言論、自由的行動，並且在官僚的「協助」與擴權下，在監視器與指紋機面前，喪失了身為一個自由人的尊嚴。官僚甚至高舉「預防、嚇阻」恐怖主義的大旗，玩弄權力，擴大種族與階級歧視。因此，在這樣嚴厲的反恐行動與機場安檢中，我們應當提問：誰會被扣留？誰會被搜索行李？不就是有色人種、勞動階級、非基督徒嗎？

在 911 之後全球的恐懼氛圍中，第一位獲得諾貝爾文學獎的非洲作家索因卡（Wole Soyinka；奈及利亞人）指出，眾人感受到的恐懼，特別是因為可能的恐怖攻擊就發生在日常生活之中的那種恐慌、恐懼感與氛圍，其實是占有社會多數資源的統治者躲在後面利用權勢與權力所創造出來的感受，用以支配與規範民眾在日常生活中的行動。計算我們有多少恐懼情緒，就可以算出我們喪失了多少自由與尊嚴。

生活在台灣的我們，特別是年輕的一代，或許一直到捷運隨機殺人事件，才可能在媒體的渲染下，感受到些許恐懼

的氛圍。但是，對於成長於戒嚴時代的中年以上台灣人民，這種由統治者藉由權力運作所創造出來的「恐懼氛圍」，一點都不陌生。在那個「小心匪諜就在你身邊」的戒嚴、白色恐怖年代，統治者利用媒體控制等方式，將「共產主義」與共產中國妖魔化，進而形塑恐懼的氣氛，箝制人民各種行動、言論自由，讓多數人成為「沉默的串謀者」，而使號稱的民主與自由體制，成為威權政體的裝飾品。

誰在熬煮恐懼修辭湯？政客跟我們！

不過，在這樣肅殺的恐懼氛圍中，全球反恐行動成功了嗎？至少在美利堅合眾國，這個號稱世界警察的「民主」國家，即使 911 已過了十年，我們看到恐怖主義所散布的恐懼並未消失，而「嚴厲」的機場安檢也阻止不了 2013 年 4 月 15 日的波士頓馬拉松悲劇。在持續不斷的全球恐怖攻擊中，我們見證了民主體系的脆弱，但脆弱根源並不在民主理念自身的錯誤，而是政客與官僚利用恐怖主義的威脅，或者其他各種形式的恐懼，恐嚇人民，創造了自身存在與擴張的理由，限制了人民行動的自由，擴大且合理化原本存在的社會歧視。如索因卡所說：

> 恐懼的散播者，要不就是讓世人凝聚，要不就是設法使世人盲目。他們利用獨白般的修辭來鞏固權力，引發歇斯底里，製造敵我對立，使人拋棄理性與個體。這種魔咒的美妙之處在於他們永遠都有辦法把複雜的事件和全球關係濃縮成一碗修辭湯，這碗湯雖然有礙消化，但保證你喝完之後心滿意足。

統治者這碗難喝的湯，並非單靠他們與官僚的權力壓

迫，就可以讓人民接受。美國社會學家提利（Charles Tilly）既與癌症病魔搏鬥，也身處 911 之後的社會，這些都讓他開始思考，人們在面對日常生活的許多變遷時，是如何透過給定「理由」的方式，來定義彼此的社會關係，並且重塑社會的秩序與穩定。他觀察到，當日常的生活秩序被打破的時候，人們特別期待得到簡單快速的理由。為何遲到？為何生病了？這麼可怕的恐怖活動怎麼發生了？常規生活秩序一旦被打擾，我們便希望可以用最快速的方式，去規範這個不確定、意外的事務，並將之安置在新的、明確的社會關係與秩序之中。

提利認為人們依據我們與他者（理由給予者 reason giver 與接收者 receiver）的社會關係，來決定給定理由的方式。透過這些理由的給定，我們穩固了原本產生衝突的社會關係。

理由給定模式的四個層次

社會慣例（conventions）

亦即一般社會普遍接受的陳詞，例如：路上塞車了、生病了等。這裡的社會關係是一種簡單的人際互動。我們只是陳述著社會共同接受的慣例、想法，並依此彌補簡單的社會衝突。

簡易的故事（stories）

簡單的因果關係敘述。發言者（理由給予者）透過簡單的因果關係，讓多數的社會大眾可以清楚理解複雜的事務。

行為準則（codes）

這個層次的理由都是種行動規範，具有法律或宗教內涵，例如：獎勵、法律判決等。換言之，在行為準則的背後，所呈現的社會關係，是在一個特定的社會領域中（例如：大學、社會組織、政府機構），大家可以互動的標準。

技術報告（technical accounts）

相對複雜的說明，非專業者難以理解或要花費許多時間去理解。許多的技術報告，針對的對象，是專業族群。透過完整的調查、系統性的分析與清晰的因果關係，呈現事情的狀態，並提出行動的方案。

日常生活常規遭破壞後怎麼辦？

通常，我們會以我們與他人的關係，來給定不同層次的理由，藉以來建構、重塑彼此的關係。換言之，透過理由的給予與接受，我們「安置」他人，也「被他人安置」在社會之中。

在一般的社會情境，我們會快速的通過社會慣例，給予理由來簡單地確認、修補或否定當下正在進行的社會情境。亦即，通過社會慣例式的理由給予，我們快速的依據彼此的社會關係，解決一個看似衝突的場景（在車站撞到陌生人了，盡快說聲對不起，然後離開）。

在面對重大事件或不熟悉的場景，例如：遭遇重大的挫敗、關鍵的勝利、陌生的夜半怪聲等，我們都不會滿足於一般性的解釋。因此，我們會透過有因果關係的故事（公司給我大筆的獎金，因為我勤奮的工作與優異的表現，特別是我賣掉了幾百部電腦），來正當化自己的狀態。

至於法律或宗教的理由，則很清楚跟理由給予者下一步可能採行的行動相關。公司的律師對剛提出工作計畫的工程師說：「這樣的企劃會違背法令！」聽到這樣的理由，通常就表示討論結束了，而且「理由充分」。以規範、準則為理由，雖然時常產生荒謬的場景，但是對執行者來說，卻是保護自己的最佳方式。這在台灣當前的政府組織，上自總統、下至各級政府公務員身上，都時常可以看到，在面對許多爭議的時候，他們通常就是以一句「依法行政」來堵住所有人的嘴，讓大家無法進一步討論，也不能提出可能可以解決問題的方案。

在突發事件中，只要給予理由，就會滿足人們，並降低人們對於變動的社會情境與不穩定的社會關係的不安。但是，不論哪一種理由的給定，都難免面對各種質疑與挑戰。如果一個理由的給予過程沒有遇到任何挑戰，那通常都是因

為理由給予者握有特定權力。在一些特殊的情境下，高級官員與專家學者通常就會扮演這樣的角色，在面對諸如恐怖行動、核電廠等議題時，以自身的權力與權威，透過不同的理由組合來說明事件，然後確認新的社會關係與情境。而在面對一般事件的時候，人們則通過不同的理由給定，透過某種協商、質疑的歷程，來確認彼此的關係，進一步確認兩者的平等或不平等。

日常生活的「沉默串謀」
讓統治者得以遂行其權力意志

因此當面對捷運殺人事件時，人們會嘗試先用簡單的方式給予理由，來協助自己與他人找出事件的可能原因，進而決定對應的社會生存模式。但也正因為人們傾向於用簡易的方式來重構崩潰的秩序，選擇「沉默」、「否認」事實，以逃避痛苦、降低自身的恐懼與尷尬（為何我當時沒有……要不然，他 / 她就可以……），讓統治者與權力者得以利用這樣的集體機制，也就是沉默的串謀，來遂行他們的權力意志。以色列出身的學者傑魯巴維（Eviatar Zerubavel）分析，在日常生活中，「沉默串謀」這股集體力量形成的因素之一，就是「保持團結」，亦即提利所認知的「社會秩序與關係的重建與鞏固」，而就是此一「保持團結」，阻礙了誠實與開放性溝通的可能性。

沒有人希望活在恐怖主義的威脅之下，但是恐懼本身，正是恐怖主義成功的關鍵，也是獨裁政權興起、挑戰民主體制的關鍵。因此，我們需要的，是小心戒備「恐懼」對民主體系的傷害，以更開放、多元的態度，面對歧異，消弭恐怖主義的種子。我們必須以更複雜的理由分析與說明，取代簡化的故事與社會常規，來看待恐怖主義的興起。我們必須真

誠地面對事情，即便真相令人恐懼與尷尬。我相信，唯有更民主的體制、更自由的生活，恐怖主義所意圖散布的恐懼氛圍，才無法得逞，這才是消弭恐怖主義的最佳方式。

鄭祖邦　佛光大學社會系

瞧！香港人！

台港中的三角習題

港人似乎有意識或無意識透過相關的旅遊活動來展現對老共沉默的抗議，以及對某種社會價值的認同與追求，這是一種以消費行動來包裝的政治與社會實踐。

　　這一兩年來，我漸漸在自己的日常生活中發現香港遊客的身影，在台北誠品書店的結帳櫃檯、宜蘭冬山河畔的民宿旅店中、墾丁南灣的美麗沙灘上，這些都意味著什麼呢？這樣的困惑，在近來的報章雜誌乃至於學術討論中獲得了某些解答。

Hong Kong

從旅遊經驗、社會調查談起

　　我們可以從若干統計出發，回答上述問題。首先，香港大學公布的歷年民意調查中，香港人對台灣人的好感度節節上升，從 2007 年的 40.4% 開始，逐年提高，到了 2013 年 11 月的調查已經高達 60.2%。相反地，香港人對「中國人」的好感度卻是從 2007 年的 38.8% 一路下滑到 2013 年 26.6% 的相對低點。

**港人對台灣人民與中國人民
好感度比較表（%）**

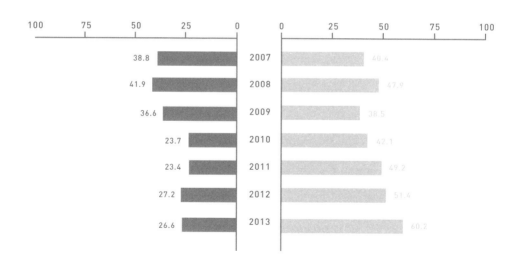

■ 對中國人民的好感
▨ 對台灣人民的好感

資料來源：香港大學民意網站（HKU POP SITE）

香港人還以具體行動表達對台灣的好感。當我們關注陸客來台人數不斷增加的同時，香港來台的旅客人數也正逐年創下新高，從 2008 年的 58 萬人次增加到 2012 年近 95 萬人次。有趣的是，正當中國以每年超過三千萬人次進入香港旅遊的同時，香港人卻更愛來台灣了。香港人如此「瘋」台灣，背後可以嗅出怎樣的社會變化呢？

港澳地區與中國來台旅客人次比較表（單位：人次）

329,204	2008	584,959
972,123	2009	677,059
1,630,735	2010	744,878
1,784,185	2011	764,033
2,586,428	2012	949,654

■ 中國人來台人數
■ 香港人來台人數

資料來源：交通部觀光局

　　這件事當然可以有很多解釋，從團費便宜的個人經濟動機，到全球性的消費旅遊風氣，不過我認為，「老共」因素在台港關係的進展上是關鍵的催化劑。

　　戰後以來，「中華民國」與「中華人民共和國」兩者一

直在爭奪中國正統，但是，由於兩個政體都是由單一專權政黨操控的黨國，所以，香港人既看不起大陸也看不起台灣，反而對自身持續的經濟增長、社會文明、自由開放與法治獨立等優良制度而感到自豪。[1]然而，在回歸中國十餘年之後，香港由於對中國的經濟依賴，產業失衡、反腐機制破功、貧富差距世界第一、新聞自由嚴重受到北京干預、文化表現也從多元變為單一，漸漸失去過往令人欽羨的特質與優勢。正是在老共因素的影響下，政治失落、經濟衰頹和社會矛盾都讓香港人感受到本土身分認同的流失，並憂慮香港已失去「港人治港、港人優先」的主體性原則。

於此同時，香港人開始注意到台灣在民主發展上的努力，以及雙方之間面對老共的共同命運，因而強化了對台灣人、台灣社會的認同和喜好，台灣和香港在民主發展和社會價值的追求上產生了進一步的交集與共鳴。從此一角度來看，我們似乎不能將港人來台旅遊的人次和型態，僅僅視作純粹的休閒和娛樂，相反地，港人似乎有意識或無意識透過相關的旅遊活動來展現對老共的沉默抗議，以及對某種社會價值的認同與追求，這是一種以消費行動來包裝的政治與社會實踐。香港人在瘋台灣的同時，也正在尋找自己。

寧為香港人！香港近年來的本土社會運動

在香港大學民意調查網站中，有一項香港人的自我認同（身分認同）統計數據（右頁圖），從 1997 年到 2008 年，「自稱香港人」的比率逐漸下滑。從 2003 年到 2008 年，「自稱中國人」的比率都超過「自稱香港人」；不過從 2009 年一直到現在，「自稱香港人」的比率都明顯超過了「自稱中國人」。

此外，從 2008 年開始，香港大學就開始調查香港人對

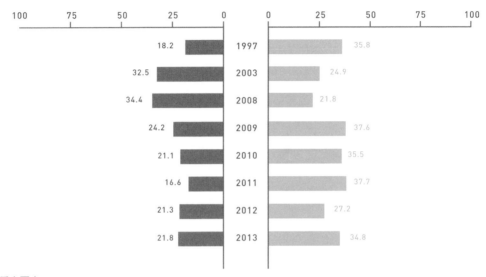

港人自稱「香港人」或「中國人」的比較表（%）

18.2	1997	35.8
32.5	2003	24.9
34.4	2008	21.8
24.2	2009	37.6
21.1	2010	35.5
16.6	2011	37.7
21.3	2012	27.2
21.8	2013	34.8

■ 自稱中國人
■ 自稱香港人

資料來源：香港大學民意網站（HKU POP SITE）

各類身分的認同指數，包括「香港人」、「中國人」、「中華人民共和國國民」、「亞洲人」、「中華民族一份子」、「世界公民」等六類。很明顯，「香港人」這個身分類屬獲得最高度的認同（歷年調查都在七成五以上），超過「中國人」這個身分類屬。而認同指數最低的就是「中華人民共和國國民」，港人竟更願意認同自己是「亞洲人」、「中華民族一份子」或「世界公民」，而不是中華人民共和國的國民（下頁圖）。這些統計數據都說明了香港社會近年來本土意識的抬頭，特別是在香港人和中國人兩種身分的對比選擇中，這種傾向更為凸顯。

2003 年反《基本法》第 23 條運動，被視作香港本土意

香港人對各類身分的認同指
數比較表

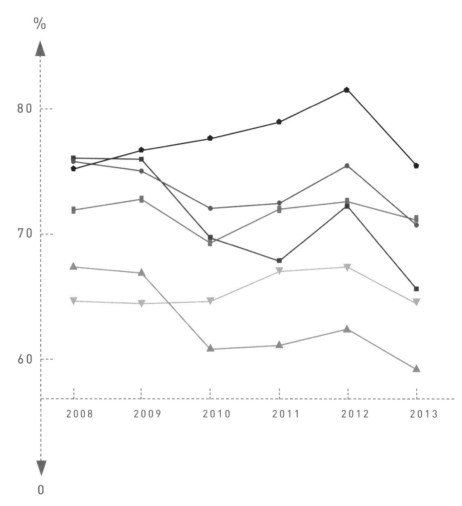

⬠ 香港人
◼ 中國人
◉ 中華民族一份子
▣ 亞洲人
▲ 中華人民共和國國民
▽ 世界公民

資料來源：香港大學民意網站（HKU POP SITE）

識建立的重要起點。從時間點來看，就在 2003 年 6 月中港簽署了特別政策《內地與香港關於建立更緊密經貿關係的安排》（CEPA）之後，港人卻是以超過 50 萬人的反 23 條七一遊行來回應，這是繼 1989 年六四事件百萬人遊行之後人數最多的一次遊行。經過此次街頭抗議之後，特區政府撤回 23 條立法草案，至今仍未有具體的時間表，而其後年年舉行的七一遊行也成為香港的精神象徵。

2012 年 7 月份，香港出現反國民教育、反洗腦運動。為何北京和特區政府會想要積極推動國民教育，並在中小學設立「德育及國民教育科」？關鍵之一就是 2003 年的 50 萬人遊行，北京由此認為香港人沒有國家意識，希望透過教育來打造香港人成為「國民」。然而，這種國家主義下的意識形態洗腦，卻更激發了香港人對自我價值與主體性的思考。

值得注意的是，這個運動的發起團體「學民思潮」是由 90 年代後出生的中學生組成，他們在臉書發起「學民思潮反對德育及國民教育科聯盟」，立即吸引數百名中學生加入。他們沒有政黨背景或支援，僅有單純的信念和論述，從網上討論、街頭運動，到不斷「探訪」教育局長吳克儉等公眾眼中的「激烈」行動，令媒體、淡漠的公眾、教育界為之折服，在香港捲起一場反洗腦的滔天巨浪，某些沉默的家長也因為感動而加入戰場。[2]

香港人怎麼想？關於香港的本土論述

說來奇怪，中國近年來國際地位大幅提升，經濟勢力不斷壯大，也拚命透過各種利多拉攏香港和台灣融入「一個中國」的旗幟底下，但是，中國愈希望大家關係「更緊密」(closer，CEPA 的 "C")，大家卻愈想離中國遠一點。中國自認的「好意」卻往往製造當地社會深刻的經濟與社會矛盾，例

如香港「雙非」（父母皆非香港人而在港產子）現象引起的蝗蟲論，以及對簡體字入侵的抗議。「一國兩制」，中國想的是「一國」，香港想的是「兩制」。

回到香港，北京政府或親北京的左派陣營總覺得土地是要回來了，但「人心未回歸」、港人愛國意識不足、港人治港應該以愛國者為主體，也就是在這樣的思維下想要推動國民教育，希望從小教起。其實從民調數據中就可以看出，香港人並不是要「去中國化」，而是要「去中共化」。儘管香港的極左勢力也試圖將此種去中共化汙名化為「抵制一國」、「去中國化」，甚至於「港獨」，但是，香港人現階段的本土意識仍是堅持「兩制」，從而保持香港的自治與主體性。

基本上，香港對於自我認同與主體性的追尋是在家國之外的。從冷戰以來，香港就無法歸屬於單一陣營，殖民地的經營使香港沒有再造自身的國族國家框架，反而在國族國家權力之間錯綜複雜地發展出自己的政治社群意識。[3]

當前中國崛起造成東亞地緣政治驟然改變，香港的自我危機已不再是「夾縫」，而是「圍困」；不再是兩大地緣政治勢力之間的邊緣處境，而是有一套國族力量用多重權力結構進行統攝的牢牢籠罩；不再是沒有家國而來的空虛失落，而是有了家國之後的無法自存。[4]

看看香港，想想台灣

面對香港社會變化，台灣人也應該開始意識到，我們不能一直以過去簡化的方式來認識現在的香港，或是說，不能只從經濟城市的角度或港片、港式飲茶這些流行文化面向來思考香港。

金耀基在 1990 年代香港回歸前說過：「長時間來，很

多人，特別是大陸與台灣這兩個中國社會的人，對香港這個中國社會有一種簡單的印象與看法，並且有意無意間帶有輕蔑之意，那就是香港是一個『殖民地』，是一個『金錢掛帥，藏垢納污的資本主義社會』，是一個『文化沙漠』，這些看法縱非大錯，也是失之片面或表面。」[5]

今天，金耀基的看法更為真實，面對老共崛起的過程中，香港已不僅是熱衷經濟而政治冷漠的社會了，從巨觀結構的面向來看，中國持續發展除了造成東亞地緣秩序變動，也帶來華人社會自我認同的重組，不僅是香港，台灣也在與中國的相互交流和衝突抗議中，不斷重新審視自身發展的社會意義與內涵。

注1：羅永生，2012，〈「不從國教」的香港〉，《陽光時務》，27：38-39

注2：《陽光時務》，24期：26

注3：葉蔭聰，2011，〈香港新本土論述的自我批判意識〉，《思想》，19：105

注4：張少強，2011，〈香港：地緣政治與香港研究〉，《香港‧生活‧文化》，p.302

注5：金耀基，1997，〈金序〉，收於高承恕、陳介玄（編）《香港：文明的延續與斷裂》，p. II

第二部　性別人生

我媽是怎麼生下我的？

母親節的社會學提問

吳嘉苓 臺灣大學社會系

由助產士來接生，是屬於醫療不發達的舊社會嗎？英、法、瑞、丹、澳、紐等國的產婦，至今仍有七成由助產士接生，而荷蘭的媽媽不只由助產士接生，還有三成在家裡生產！

我媽是怎麼生下我的？嗯，這個問題起碼一年值得關注兩次，一次是自己的生日，一次是母親節。如果你去問醫學百科，可能會得到這樣的回應：「當子宮收縮的時候，下節子宮便逐漸延伸並變薄，子宮頸亦隨著擴張，於是產道逐漸形成，而胎兒也下降經過骨盆……」

birth

於是你查到的資料，可能也適用於小英與阿仁、村上春樹與西蒙波娃。但是這個問題如果問到社會學家，她們通常會把問題變複雜，把簡答題變成申論題，而且還堅持要跟你互動問答。她們強調，生產並非僅是生理過程，還是社會文化現象，而且每個社會如何組織生產照護的資源，還是個充滿權力糾葛的過程。

三姑六婆來助產

我媽是怎麼生下我的？這得看你生在哪個時代。

先假設巷仔口社會學的讀者包括一百歲的人瑞，那就讓我們從一百年前的台灣社會談起。早年大部分的婦女在生產時，往往由家庭成員協助在家中進行。一些婦女是下田到最後一分鐘，痛到無法忍受才回家生產。她們可能利用蹲坐跪臥等身體姿勢來減緩陣痛，而有經驗的年長女性也會參與協助產婦的生產。有時村子裡會有一位特別睿智而有膽識的婦女，自己生過幾個小孩，之前也見習過其他人接生，學得一些技藝，就擔任其他婦女的接生人。

日本政府殖民台灣，開啟了新式產婆的訓練，也讓台灣首度以「現代醫學」的模式來進行助產。日本政府在台推行這項新的政策，當成是「科學殖民」的重要策略。當時很多政府官員、公衛專家與醫師，在推行新式產婆時，大力批評台灣傳統產婆如何愚昧無知，造成母嬰的傷害。許多衛教宣導也把舊式產婆的接生方式貶抑為台灣民間陋習。

社會學對於這種「新一定比舊好」的說法，總會特別謹慎。這些譴責傳統產婆的說法，主要來自於有書寫能力、能散播自己意見的政府官僚與知識菁英，而他們的說法也可能僅是一家之言，並不能輕易當成社會事實。傳統產婆、產婦、鄉里村民這些當事人的經驗與看法，由於較少以書寫的形式

正式記錄，因此容易受到忽略。

　　但是女性主義特別會注意這類邊緣化、甚至被醜化的女性經驗與觀點。社會學家劉仲冬就曾指出，「三姑六婆」原來是九種女性的工作，現在卻被扭曲成婦女說長道短的負面用語。三姑是尼姑、道姑、卦姑，六婆為牙婆、媒婆、師婆、虔婆、藥婆、穩婆，而穩婆就是傳統中國社會的接生婆。這些三頭六臂的女性，深受村落鄰里所仰賴，卻可能因為知道很多身體的知識和社會關係的祕密，受到醜化和打壓。近年來一些研究，就特別強調要突破菁英書寫的史料，透過傳統產婆與婦女的口述歷史、民間歌謠如歌仔冊等資料，重新看待傳統產婆的貢獻。

　　在晚近的一些研究之下，產婆便展現出新的風貌。首先，日治時期常把新生兒破傷風歸於傳統產婆缺乏現代醫學知識。然而，當時醫界的實證研究根本無法輕易判定新生兒是否死於破傷風，自然破傷風與接生人之間的因果關係也難以輕易成立。再者，口述歷史資料提出，傳統產婆以苧麻絲綁緊臍帶、斷臍後在肚臍塗抹麻油，可能也具有消毒效果。更重要的是，在婦女口中，這些協助婦女生產的年長女性能幹、熱心、有膽識、經驗豐富，是大家敬重的長者。在日治後期，台灣各地已經設有新式產婆，但只有一半的婦女會找她們接生，讓政府官員與醫界大嘆台灣婦女愚昧無知，殊不知這可能是因為傳統產婆可靠好用，才如此深受民間信賴。

助產士的全盛與凋零

　　國民政府來到台灣之後，初期國家政策也設定以助產士為主要的接生人，助產士逐漸成為協助媽媽生產的主力。從日治時期以來，這些婦女進入現代產婆學校，接受正式訓練，之後常開設助產所，四處奔波為人接生，堪稱新時代的

職業婦女，也越來越受社會敬重。當初固然是因為男女授受不親的傳統性別規範，政府才規劃以女性來協助女性生產，而助產士往往要獨立作業、冷靜判斷、處理產家各種狀況，卻也開拓了女性氣質的光譜。我們看見受過專門醫學訓練的助產士，不只是藉由學理與經驗來從事懷孕生產的照護工作，也由於深入家庭與鄰里，經常成為社區健康與福利的重要支柱，甚受社會器重。

我媽是怎麼生下我的？如果你是五年級中段班，那還有一半以上的人由助產士接生。也許你媽媽開始陣痛時，會請她們來家裡協助，或是自己前去助產所。當時僅有兩成嬰兒由醫師接生，其他則由所謂的「不合格接生人員」接生。然而，到了六年級生，醫師接生的比例就首度超過了助產士，而且從此一路取代。現今的年輕世代，大概都以為助產士是歷史名詞，沒當成是現在進行式。

如何解釋助產士在台灣的式微？常見的說法是，助產士的衰落似乎是科學知識累進、社會發展所不可避免的趨勢。1996 年，衛生署在一份公文就說：「我國因經濟快速發展，國民生活及知識水準相對提升，目前絕大多數之產婦，已習慣於分娩前後，接受婦產科專科醫療院所提供的整體性專業服務。」這種過於簡化的線性進步史觀或是現代化的觀點，社會學總是會睜大眼睛、保持質疑。

看看別人、想想自己，是我們常用的存疑起點。世界上有很多國家，比台灣更加「經濟快速發展，國民生活及知識水準相對提升」，卻仍然以助產士為主要的接生人。英國、法國、瑞典、丹麥、澳洲、紐西蘭等國的產婦，至今仍有七成由助產士接生。荷蘭的媽媽不止由助產士接生，還有三成在家裡生產。在這種跨國中，我們也開始反思，台灣需要從其他角度來探討助產士的式微。

一些社會學家提出了更精緻的解釋模型，建議我們要觀察國家、醫師、助產士、消費者這四個行動者如何在以下三

個面向採取行動：生產照護的福利體系、專業界線、消費者組織動員程度。在台灣，當醫學與護理教育都有碩博士學位之際，國家卻一直未能將助產教育提升為高等教育，公保開辦初期也將開業助產士排除在給付範圍之外，甚至納入後也只給較低廉的費用。這些教育與社福制度設計都貶抑了助產士。醫師與助產士原本是平行分工，在正常產與異常產上各司其職，卻在提倡裝置樂普（一種子宮內避孕器）的家庭計畫年代，逐漸發展出上下的從屬關係，衛生署甚至違背助產士法，提出「助產士必須在醫師的指導之下才能擔任接生」的行政命令，用法令規定把能夠獨立作業的助產士貶為醫師

國際助產士接生率比較

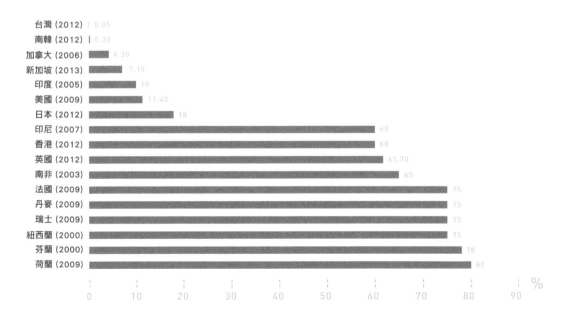

台灣 (2012)	0.05
南韓 (2012)	0.30
加拿大 (2006)	4.30
新加坡 (2013)	7.10
印度 (2005)	10
美國 (2009)	11.40
日本 (2012)	18
印尼 (2007)	60
香港 (2012)	60
英國 (2012)	61.70
南非 (2003)	65
法國 (2009)	75
丹麥 (2009)	75
瑞士 (2009)	75
紐西蘭 (2000)	75
芬蘭 (2000)	78
荷蘭 (2009)	80

資料整理：謝新誼

的助手。

　　隨著各方不斷強化「生產很危險」的意識型態，民眾傾向進入醫院生產，而助產士也鮮少進入醫院體系，民眾就越來越難接觸到助產士。1990年代助產士跌到谷底之際，出現了一批很不尋常的婦女，要求由助產士進行居家分娩，從現今主流的醫療體系出走。她們往往是不滿於當代「過度醫療化」的生產程序，或是想要建立以產婦及家人為中心的生產方式，於是另闢蹊徑。這樣的行動引發了一些省思，卻仍未完全撼動主流的生產模式。

開發多元友善的生產資源

　　助產士幾已消失、剖腹產居高不下，這樣極端的現象，在過去十五年來促發了台灣社會各種改革倡議，像是人性化生產、溫柔生產、友善生產等新型態的生產模式。說法看似不同，目的都是希望能夠提出生產改革的願景，建立一個以產婦為中心的生產照護環境，適當使用助產資源與科技來支持產婦的需求，讓她們充分發揮自己的能力，達到良好的生產效果。

　　近幾年來，台灣的婦運團體、立法院幾位女性立委、出走主流醫療體系的新生代媽媽，以及一些支持友善生產的醫師與助產師，也持續積極要求政府提供更多「多元友善的生產資源」。生產是女性成為母親的重要歷程，也是檢驗一個社會是否尊重母親的重要指標。她們提出，政府在助產人力、生產空間、生產措施的改革上，責無旁貸。在醫院人力配置上，她們要求增設助產師，在國家所屬的醫療院所帶頭推行優質的生產環境與生產措施，並透過獎勵措施給予少數具前瞻性的醫師與助產師資源。在孕產婦手冊及其他生產推廣的資源上，提出這些國際上行之已久的友善生產理念，並

透過生產計畫書，讓產婦表達自己的生產理念與作法。這些團體呼籲，與其浮誇地歌頌母親，不如從制度面給予這些婦女友善的生產環境、多元的選擇。這些來自民間社會的呼聲與行動，也許就是重新改造台灣生產制度的重要支點。

助產士主導的照護優點

Hatem 等學者（2009）以統合分析法（meta-analysis）分析 11 份臨床隨機研究（12,276 位婦女），比較以助產師（士）主導的生產模式和其他生產模式的出生結果，發現以助產士主導的照護有以下優點：

較少產前住院之機率	RR 0.90	95% CI 0.81-0.99
較少施予區域性麻醉	RR 0.81	95% CI 0.73-0.91
較少會陰切開率	RR 0.82	95% CI 0.77-0.88
器械輔助生產	RR 0.86	95% CI 0.78-0.96
較多採用非藥物性止痛法	RR 1.16	95% CI 1.05-1.29
較多陰道自然產	RR 1.04	95% CI 1.02-1.06
生產的控制感較好	RR 1.74	95% CI 1.32-2.30
較高的住院期間哺乳率	RR 1.35	95% CI 1.03-1.76
較低產生 24 週前流產率	RR 0.79	95% CI 0.65-0.97
較短的住院日	RR -2.00	95% CI -2.15 to -1.85

RR 為相對危險值（relative risk ratio），小於 1 表示相對危險性較低。95% CI 0.81-0.99 表 95% 的信賴區間落在 0.81-0.99。

出處：Hatem, M. (2009). Midwife-led versus other models of care for childbearing women. Cochrane Database of Systematic Reviews, 4, 1-136.
提供：臺北健康大學助產所所長高美玲老師

birth

梁莉芳 陽明大學衛生福利研究所

我媽生下我之後呢？

「做媽媽」的社會學觀察

如果母親是孩子最完美的照顧者，為什麼我還會憂鬱、矛盾、沮喪、挫折和懷疑呢？

當代的母職實踐，結合了科學研究和兒童發展理論，不僅強化自然母性，同時召喚女人成為身心完全奉獻的完美母親。許多論述把母職當成女人與生俱來的本能，主張女人作為母親是自然的安排，也強調母親是孩子最好的照顧者。

我並不是要貶抑母愛，或否定育兒經驗可以帶來的甜蜜和力量。相反的，作為母親的我，和孩子一起經歷生命裡的

motherhood

奇特旅程，在每日／每夜、身體／心理的照顧實作中，感受與孩子的連結。但同時，作為女性主義者和社會學家的我，也想要嘗試理解，在為人母的喜悅之外，為什麼還有憂鬱、矛盾、沮喪、挫折和自我懷疑？是我的愛不夠嗎？還是我不懂得「做媽媽」呢？

「做媽媽」（Doing Mother）是女人天性嗎？

孩子出生前後，有一段時間我大量閱讀各家的育兒叢書：親密派、百歲（醫師）派、褓母崔西……一旦把育兒視為「工作」，從孩子喝奶、睡眠時間到發育狀況，無一不斤斤計較，力求精準完美，甚至上天下海看遍科學研究、專家說法和當紅部落客媽媽指導的教戰手冊。我把育兒寶典上用紅筆畫的重點背得滾瓜爛熟，但寶寶還是在不該哭的時候哇哇大哭，在作息表安排的睡眠時間內醒來。我不禁自責，是哪裡做錯了嗎？

有人說，社會學家的專長是潑人冷水、拆台和踢館。這篇看似慶祝母親節的文章，談的不是母愛的偉大和犧牲奉獻，而是藉由呈現每日／每夜的例行工作和互動，思考母親這個角色如何被定義、規範和成就。身為女性主義社會學家的我，嘗試理解作為媽媽的我，試圖探究父權文化與科學研究、醫療專業和育兒產業等相關行動者的共舞，如何建制我們對「完美媽媽」的期待和規訓。

不再只是妳的身體？

有一回，我與學生去聆聽英國蘭卡斯特大學社會學博士施麗雯的演講，討論產檢實作如何介入與影響女人的懷孕經

驗。演講的空檔，我與學生分享我的懷孕經驗，其中有些不同於施麗雯田野訪談裡的許多（準）媽媽：我只做了健保給付的例行產檢，還常跟醫師討價還價更改產檢時間，在診間常擠不出問題來詢問醫師，甚至沒上過一次媽媽教室……學生略帶質疑地問：「老師，妳一點都不關心妳的小孩喔？」

　　我的「非典型」懷孕經驗除了反映現今高等教育工作者的困境，也間接指出「完美媽媽」的論述早在懷孕前或懷孕初期，就已開始規訓女人的身體和重塑我們的生活方式。在懷孕過程中和許多「用心」的（準）媽媽相較，我顯得漫不經心：老是在出門上班後，才想起又忘記吃孕婦維他命，聽說能幫助胎兒腦部和眼部發育的 DHA 從來沒有吃過，但被視為孕婦違禁品的咖啡和甜點卻是吃了不少。身邊朋友對孕婦的關心和提醒，讓我不時意識到，這，不再只是我的身體。

社會學家會問：懷孕過程中，女人的身體如何被客體化？

　　懷孕女人的身體被視為是提供寶寶養分與健康的重要來源，不僅和寶寶身體大小的成長密切相關，也影響智力的發展，甚至還有外表美貌。眾多（準）媽媽努力蒐集、閱讀相關的資訊，隨著孕期的進展，補充不同維他命和營養品。在心裡反覆背誦「好食物」和「壞食物」的清單，力行嚴格的飲食控制，深怕造成「一吃錯成千古恨」的遺憾，也期待肚子裡的寶寶不要輸在起跑線上。這個時期，女人的身體不再只是屬於她自己，「為了孩子好」的論述要求著女人節制欲望和規範身體。每次的定期產檢，透過測量（準）媽媽增加的體重和超音波預估寶寶的大小，再一次提醒女人要小心翼翼控制食量和食物的內容。

媽媽的全心投入，影響孩子的一生？

　　前陣子進行研究訪談時，遇到一位有十個孩子的 82 歲

阿嬤。當我大嘆阿嬤好厲害之際，阿嬤好奇地反問：「妳有幾個小孩？」「一個。」我心裡沒有說出來的是：「光是一個，就已經搞得我們人仰馬翻了。」阿嬤養育十個小孩的哲學，和我們的一定大不相同。古早時代「垃圾吃垃圾大，隨便養隨便大」（閩南語）的育兒智慧，在今日恐怕會被指控為罔顧小孩健康、不夠用心的父母。但是在朋友的臉書上，讀到一篇報導提及，對兒童發展的定義和期待並沒有普世一致的標準，而有文化差異：美國重視智力發展，瑞典認為快樂最重要，義大利則看重孩子與他人的關係。**社會學家會問：過度強調兒童發展的單一價值，是怎麼產生的呢？**

很多女人為了「做媽媽」而有的準備、付出和身心勞動，並不是從寶寶誕生那刻才開始。早在得知懷孕時，甚至更早在胚胎著床以前，就精心策劃要給胎兒最好的成長環境和盡早的發展刺激。在追求「完美小孩」的意識形態下，對懷孕女人的身體規訓以及各樣胎教論述便應運而生，進而是對「完美媽媽」和「完全母職」的期待。不同於被斥為沒有「科學」根據的民間風俗（例如：孕期不能拿剪刀、釘東西等等），這些在新世代媽媽之間風靡的懷孕知識，皆以醫學研究作為證據，以標榜科學上的正當性。這些知識強調懷孕期間與胎兒的互動，不僅能增加孩子的安全感、促進大腦的開發，還能健全未來的人格發展。因此，肩負孩子發展重責大任的（準）媽媽，必須透過密集的情感付出和身體勞動，確定孩子得到足夠的刺激，從懷孕期間頻繁地和胎兒說話、撫摸肚子，到孩子出生後積極介入的教養方式。例如：在全國第一站 ptt 的媽寶（babymother）版，不時可以看到媽媽分享如何透過玩遊戲和新生兒互動，包括唱兒歌、說故事、讀黑白卡、按摩和手腳運動等等。這些安排不只是單純享受親子時光的愉悅，也具備（兒童）發展的任務目標。

不要輸在起跑點上？監管寶寶的發展

　　我們的孩子澎澎出生時只有 2,850 公克，身高未滿 50 公分，比起其他以 3,000 公克為基準起跳的寶寶，在嬰兒界裡算是非常迷你。滿四個月做兒童健檢時，澎澎體重勉強落在 15%，身高僅在 3%。因為體重和身高的發展未成比例，當時醫師還請護理師再給澎澎量了一次身高，確認無誤後，只好對我們說：「沒關係，下次回診時我們再看看！」那天之後，個性緊張的澎爸經常趁我不注意的時候，拿著皮尺偷偷丈量澎澎的身高，祈禱一夕之間，澎澎又長高兩公分。ptt 的媽寶版上，也常看到跟澎爸一樣擔憂孩子發展落後的媽媽爭先恐後地發問：「寶寶六個月還不會翻身正常嗎？」「四個月大的嬰兒身高都多高？」「該不該帶寶寶去看小兒復健科？」「我的寶寶是不是發展遲緩呢？」我們對「大隻雞慢啼」已經缺乏等待的耐心，取而代之的是媽媽對孩子發展的擔憂以及對自己失職的焦慮。**社會學家會問：媽媽的集體焦慮，是如何產生的？**

　　社會學家曾凡慈的研究探討「發現」遲緩兒童的動態過。「發展遲緩」的醫療術語和意識形態，如何透過相關人員的協作、科技（物）的應用和醫學監管，對兒童的身體進行全面的治理。被視為兒童理所當然照顧者的母親，往往得面對未盡早發現孩子問題的指責，成為不負責任的媽媽。育兒的喜悅往往得伴隨著焦慮和憂心。「兒童健康手冊」的發行目的，應當是提供新手父母照顧孩子的資源，但當兒童發展論述主導育兒的優先價值後，生長曲線和發展量表成為我們觀看寶寶的眼睛，數字和各項指標取代了我們和孩子之間的真實互動。同時，寶寶成長曲線上的百分比，也變成「完美媽媽」的評分標準。

男孩年齡別身長 / 身高圖

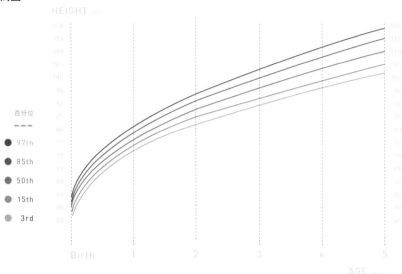

女孩年齡別身長 / 身高圖

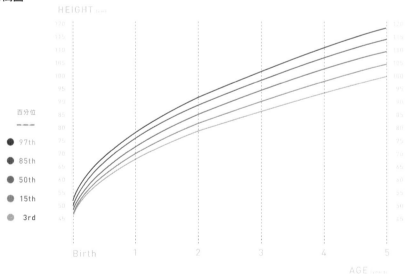

出處：世界衛生組織　兒童生長標準 / 提供：衛生福利部國民健康署

書寫「做媽媽」的經驗，作為療癒

　　從懷孕到澎澎五個月大的現在，不時會有朋友問我：「妳有考慮請育嬰假嗎？」她們多半會以過來人的經驗告訴我：「小孩的成長只有一次喔！錯過了，就不會再回來……」對於這些朋友，我衷心敬佩。看著澎澎可愛的笑容，也曾經掙扎和猶豫：「我要請育嬰假嗎？」甚至，對自己無法放下工作的決定，有一絲愧疚。

　　但是，社會學的訓練幫助我試著理解我的「愧疚感」怎麼來的。這不是我個人獨有的經驗，許多和我有類似處境的「工作媽媽」（working mother），甚至也包括全職媽媽，我們都和「完美媽媽」的形象纏鬥著，深怕自己的不完美造成了小孩成長的遺憾。如果，我們能將母職視為是情感關係，而不是得力求完美的工作，是不是更能單純的品嘗育兒的每一個當下？

梁莉芳　陽明大學衛生福利研究所

我在家裡生小孩

生產是愛、滋養和力量

這是我的身體，我可以相信身體的力量，決定生產的過程。
生產不是醫療行為，也不是受苦的經驗；
生產是媽媽和寶寶共同見證的，溫柔而有力量的愛。

　　我出生於 1975 年。從小到大，對於自己在哪裡出生這
件事情，一直沒有太多疑問。「不就是在醫院，由醫生接生
嗎？」直到我們選擇居家生產，孩子出生後，才從母親那裡
得知，我也是由助產士接生。根據社會學家吳嘉苓的研究，

labor

台灣醫生的接生率，在 1972 年首次高過由助產士接生的比例，自此之後，醫療體系逐漸主導生產的過程和方式。生產，從女人自然的生命歷程和經驗，變成需要產科醫師主導、介入和依賴科技物完成的醫療行為。孕婦變成了病人。現在，在醫院生產，似乎成為準媽媽唯一和最好的選擇。

懷孕女人需要的是什麼？

　　從得知懷孕那一刻起，我和許多準媽媽都有類似的心情：喜悅、焦慮、期盼和不安。一方面，我們對生產知道得太少，最主要都是對高中護理課影片的印象：好痛好痛，還有好痛。另一方面，生活在網路時代的我們，卻又被過多的資訊淹沒。極度貧瘠的知識遇上極度龐雜的資訊，使我們不知所措，更無所適從。基於母性而來的愛，讓我們都想給肚子裡正在長大的小生命最好的照顧。我開始在網路上爬文，閱讀其他媽媽的生產經驗，找尋好醫師。受到推薦的醫師幾乎都在大醫院，有絡繹不絕的「病人」，被推崇為經驗豐富的接生專家。我也向身邊有生產經驗的朋友諮詢取經，她們幾乎清一色在大醫院生產，原因無他，就是希望母子均安。

　　遵照各方建議後，我選擇了一位在少子化浪潮下，每個月依然接生超過 60 位寶寶的醫師。每次產檢，我總會提早半小時以上到達醫院，但還是避免不了長時間的等待。我始終弄不清楚需要抽幾張號碼牌、要到幾個單位報到，只記得在超音波室裡和幾位準媽媽一起躺在檢查床上，幕簾將我們隔開，任由技術人員穿梭其間。沒多久，我便拿著熱騰騰的超音波照片，在門診間外開始另一輪等待。好不容易叫到我的號碼，有好多問題想跟醫師討論，但我們的對話總在醫師低頭檢查照片發出「看起來很好！很 OK 啊！」的喃喃回報中簡短結束。我想說的話，都在他把頭轉向電腦螢幕打字時

愕然打住。會診時，我只是個病歷代號。臨床的凝視，看見的是照片裡的小白點，不是我懷孕的身體，也不是子宮裡正在長大的新生命。所有疑問都顯得多餘。

只是，白袍所象徵的權威，並沒有減緩懷孕帶來的焦慮。生殖科技與產檢技術的發展，帶來了確認生命的喜悅，但也創造出一個需持續接受醫學監管的「病人」（胎兒），以及更多不確定。像我這樣沒有生產經驗的媽媽，需要的不只是專業意見，提醒我什麼時候該做什麼檢查，確認孩子在母腹中安然無恙。我更需要的，是在專業照護中獲得同理的陪伴和鼓勵，讓我在面對因懷孕而產生的身體和心理變化時，可以有人了解，得到支持。懷孕過程中，我需要的不是恫嚇式的醫學建議，規定我哪些不宜，哪些又有害母體和胎兒，我更需要的，是對我（身為女人和母親）的信任和尊重。

準媽媽沒有選擇與協商的權利？

後來，我換了醫院換了醫師。這次，選擇的標準不再是所謂的名醫，而是友善、傾聽和尊重產婦的醫師。在這裡的產檢經驗與在大醫院裡大相逕庭，醫師親自做超音波，細心和我一起看著寶寶在子宮裡悠游的模樣，對於我的疑惑和問題，不厭其煩地解釋和回答。直到那天，我拿著醫院網路下載的生產計畫書，詢問醫師生產環節，以及我能參與和決定的部分。我說：「我不想剃毛灌腸，非必要不要剪會陰。」並告知，我們會提前做會陰按摩，降低剪會陰的必要。醫師如往常一樣的微笑，他說：「我知道，但我沒辦法保證，得看生產當天的狀況。」我又說，我希望待產時可以自由走動，不要被綁上胎心音監測裝置，不要被束縛在床上。我只記得他幽幽地說，為了小孩安全可能還是需要，同時旁邊護理師也投來了一記白眼。彷彿提醒我：「妳這無知的女人！知道

什麼啊。」事後，同是醫療專業工作人員的先生說：「他們一定覺得妳很難搞！」

　　從這次之後，我開始思考生產的過程是否有其他選擇。身為女人，身為自己身體的主人，我希望在生產過程中，能參與每個環節的決定和實作。醫療專業人員所扮演的是「助生」的角色，而不是取代我們成為生產的主體，更不是扮演手術台上的英雄。身為母親，我相信藉由生產，我可以看見生命和身體的力量。生產不應該是無助和被剝奪的經驗，而是滋養和賦權（empowerment）的過程。

　　台灣的醫療體系，並沒有給女人醫院生產之外的選擇。居家生產這件事情，被描繪成古早、落伍和危險的不智之舉。但其實在英國和荷蘭等先進國家，直到現在還是由助產士主導孕期和生產過程。在荷蘭，健康且評估為低風險的產婦，從產檢開始便由助產士負責，最後自行選擇生產中心或是居家生產，她們可能從頭到尾都沒見過婦產科醫師。關於生產，我們需要更多常規化醫療以外的想像。

　　在花蓮念書時，我經常騎車經過林森路的邱明秀助產所。每次我都會刻意放慢車速，只為了多看兩眼這間外觀很溫馨的助產所，完全沒有醫院給人的冰冷氣息。就在我思考醫院生產之外的可能性時，關於助產所的記憶都回來了。對我而言，決定居家生產是對醫療體制的抗議，也是拿回生產自主權。指導醫師臨床實作的「聖經」，是標準化的醫學守則，而不是產婦真實的身體經驗和聲音。我們和新生命的連結，應該是透過懷孕身體的微妙變化，以及肚子裡寶寶的活動，而不是完全依賴醫學知識的權威和科技檢查的介入。

生產不是醫療行為，而是愛、是滋養、是賦權

　　寶寶出生的那天早上，我搭公車到山下的花市添購盆

低危險孕產婦生產的建議

項目	台灣 %（年）	美國 %（年）	英國 %（年）	日本 %（年）	MFCI 建議
剖腹產	35 (2007)	30(2003-2007)	24.8 (2011)	21(2008)	10-15%
引產	30.3 (2005)	47.6 (2011) 初產婦 41.0 (2011) 經產婦	21.3 (2011)		<10%
下床走動	46.9 (2005)	100 (2006)	100		建議所有個案
會陰剃薙	75.3 (2005)	3 (2006)	0		不建議
灌腸	63.6 (2005)	7 (2006)	不建議		不建議
靜脈點滴	63.2 (2005)	71 (2006)	不建議		不建議
催生	31.5 (2005)	59 (2006)	不建議		----
壓宮底	61.8 (2005)	0 (2006)	0		不建議
會陰切開	92.9 (2005)	25 (2006)	13 (2003)		<20% 目標 <5%

MFCI 為 Mother-Friendly Childbirth Initiative
本表由臺北健康大學助產所所長高美玲老師提供

栽，中午為自己煮了咖哩雞。飯後沒多久，子宮開始規律收縮，伴隨著越趨強烈的陣痛。我按照邱明秀助產師的建議，記錄陣痛間隔的時間，拍下落紅的照片。她根據我提供的資訊，在電話中做了明快的判斷，並不忘提醒我在產程進展時的呼吸調節和身體舒緩。我的待產過程，不是在陌生的環境，人聲鼎沸的醫院，冰冷的病床，而是在山上家中，在雷光夏的歌聲中，陪伴我的是四隻貓咪、趕路回家的先生、來幫忙記錄的好友，以及協助我們迎接新生命的助產師。

在助產師的一對一照護下，我沒有經歷慌亂和不知所

labor

措的待產過程——胎位正常，卻莫名其妙進了開刀房剖腹；被束縛在待產病床上很久，卻找不到可以諮詢的醫療專業人員；聽說可以打無痛分娩，卻對相關的知識一無所知……每個需要做出選擇的當下，都沒有足夠的資訊協助判斷。

產檢時，助產師就鼓勵我擬定生產計畫。沒有制式的表格，計畫書體現我對生產的期待和想像。這是我的身體，我可以相信身體的力量，決定待產的過程、要怎麼生、用什麼姿勢生。而助產師的任務，是協助我們實現計畫。待產時，我沒有被約束在床上，助產師鼓勵我找到最舒緩的姿勢。我搭著另一半的肩膀跳舞，在浴缸裡泡澡，好友在一旁充當按摩師。有時候，我會練習瑜伽的呼吸法，並伸展肢體。若必須進行內診，助產師會先徵求我同意，並說明內診的用意。她仔細說明產程進展，不但減少我因為不確定和未知而產生的焦慮，也帶來對新生命即將到來的期盼。寫文章的當下，我們的孩子即將慶祝兩歲生日，我想不太起來生產所經歷的疼痛，只記得寶寶和我們一起創造的美好經驗。

助產師溫柔地告訴我，當寶寶的頭進入產道，代表他已經準備好要來探索這個世界，媽媽要做的是協助他，並相信自己和寶寶的力量。我靠著枕頭，斜躺在臥房的床上，伴侶在身後支撐我的身體。此時助產師拿著鏡子，我可以在產道口看到寶寶的頭髮，我知道再努力一下，我們就可以相見。接著我聽到寶寶洪亮的哭聲，爸爸在助產師的指導下接住寶寶，將他抱到我的胸前，此時寶寶便開始自然的尋乳反應。在媽媽的子宮裡暫居近十個月，他終於和我們見面了。先生在助產師協助下剪斷寶寶的臍帶，幫他油浴擦澡、清理身體。生產過後，身體理當會有的疲憊感，都因捨不得眼前的美好畫面而如雲霧般蒸騰而去。

我們的寶寶沒有經歷醫院轉運站般的流程，在不同人的手和不同的站所間轉來換去。他從我們身邊開始認識這個世界。我們給他取名「家生」。他的誕生，體現身體自主的力

量，也幫助媽媽學習傾聽身體的聲音，找回對身體的信任。「家生」提醒我們，生產不是醫療行為，也不是受苦的經驗；生產是媽媽和寶寶共同見證的，溫柔而有力量的愛。「家生」也提醒我們，以女人為主體的生產改革，還有漫漫長路。

產科醫學 vs. 助產學

生產是病理現象還是自然過程？

台灣醫界強調生產的風險，將生產從「假設正常」定義為「假設異常」。在高風險論述的脈絡下，產科醫師主張醫療干預的必要，以避免和降低產程可能會面臨的風險。他們不僅認為醫療專業（往往是醫師）是不可取代的權威，也將生產工具和藥物的介入視為醫學進步的象徵。

助產學將生產視為自然過程，將生產定義為「假設正常」，認為婦女在生產過程需要的是適當的協助，生產出現或預見併發症時，才需要醫療與產科醫師的介入。助產士除具備生產知識與理論外，更強調透過經驗習得的知識和累積的實作技巧。生產工具的使用並非必要，而是得根據產婦與胎兒的狀況進行評估，畢竟生產工具的介入還是有可能造成傷害。比起對工具的依賴，助產士更強調雙手的接生技術，克服「異常」的胎位，擴充自然產的最大可能性。

生產的主體是誰？

產科醫學強調醫療從業人員（醫師）在生產過程的主導地位。因為風險考量，生產過程需要遵照醫學指引，有一定的標準化流程，忽略產婦的個別差異。統計顯示，台灣產婦接受灌腸、剃毛和剪會陰的比例，皆遠高於其他先進國家。但相關實證醫學研究已指出，這些程序並非是生產的常規措施，可以視產婦的狀況彈性調整。生物醫學的訓練，從機械論的觀點理解人的身體，例如：將子宮視為承載胎兒的器皿，重視的是身體性的安全，較少關注產婦的想法和情感需要。

助產學強調，產婦是獨立自主的個體，生產是母親、胎兒與助產士的協作。助產士應積極與產婦溝通生產流程，在安全的前提下，尊重產婦的想法與偏好，並照顧產婦的情緒和心理需要。懷孕與生產不是病理現象，而是女人重要的生命經驗。正向而美好的生產經驗，不僅能照顧孕產婦身體與心理的需要，也包括尊重女人選擇的自主權。

labor

安全與自主權不能兼顧？

面對助產學會、婦女團體，以及孕產婦對生產自主權的訴求，婦產科學會透過強調生產風險與保障母嬰安全，來主張專業的權威性和醫療介入的必要。安全與產婦的自主權被視為對立的選項，無法兼顧。生產是高度變動和存有風險的過程，但風險論述不應該無限上綱，用以正當化生產過程中非必要且過度的醫療介入。因生產風險的存在，醫療從業人員與孕產婦之間，更應建立暢通的溝通平台，提供透明化的生產資訊和選擇。

彭渰雯　中山大學公共事務管理研究所

你家小孩跟誰的姓？

子女姓氏選擇的家庭政治學

儘管「母無兄弟」是約定從母姓的重要原因，但是這個機會究竟能否成為家庭性別平權改革的種子，翻轉「只有兒子可以傳宗接代」的父姓制邏輯，進而提升女性的家族與社會地位？

2013 年 6 月，我高齡生下了第二胎，很高興是個女兒。有趣的是，一些熟悉的朋友開口問的第一句話不是：「她叫什麼名字？」而是「她姓什麼？」

一般人聽到這樣問，可能會覺得很突兀。故事是這樣的：

surname

我在 2007 年 3、4 月確認懷第一胎的中午，剛好從電視新聞看到 1059 條[1] 修法三讀通過的消息。從學生時代參與婦女運動的我，非常了解父姓優先條款在民法修正過程非常難以突破，為了珍惜這得來不易的修法成果，在丈夫的支持下，我們的兒子取名彭川，從母姓。這就是為什麼，許多朋友會好奇我們的第二個孩子姓什麼。

我和丈夫約定子女從母姓的「心路歷程」，經由資深媒體人何榮幸採訪後，成為中國時報專欄「我的小革命」的故事，於是有更多朋友知道我們家庭內的溝通過程。後來公視「獨立特派員」節目也在婦女新知基金會的牽線下，製播了一集「以母親之名」專題。在這些過程中，我們收到了非常多的祝賀和鼓勵，我身邊的女性主義朋友幾乎人人稱「讚」！還有長輩級的男性教授在得知這個消息後跟我打趣說：「妳可不可以跟我女兒談一談？」

感覺上，子女從母姓是一項受到高度肯定的選擇。但是內政部戶政司的統計數字告訴我們，從 2007 年到 2013 年底止，新生兒約定從母姓的比率平均僅有 1.55%，且過去幾年來並無增加跡象。法律的變革似未鬆動父姓體制的文化規範，讓人不禁好奇，這 1.55% 的人是誰？要在什麼條件下，婚姻關係內的父母才會讓子女從母姓呢？

在 2010 年間，我認識了五組受訪者：娥爸娥媽、雙爸雙媽、叮噹、玲玲和阿千，其中娥爸娥媽與雙爸雙媽是夫妻一起接受訪談。研究的發現如下：

從母姓的理由：性別意識 vs. 傳宗接代

在量化研究中，我們看不出從母姓和從父姓家庭在性別意識上的差異，但我的五對受訪者讓我印象最深刻之處，就是夫妻都至少有一方有明確的性別平等意識，並以此說明孩

子從母姓的正當性。

多數有「男女平等」意識的是女方，例如叮噹和玲玲都需要說服丈夫接受「這是很公平的事」，希望丈夫支持孩子從母姓，也終於獲得丈夫的支持。阿千和我類似，是自我認同明確的女性主義者，但她因為與夫家不和，後來是以離婚的方式讓自己的孩子改為母姓。娥爸娥媽則是在大學時代的校外社運團體活動中認識，一起接觸許多進步思潮，在性別平等認知上很早就有共識。比較特別的是雙爸和雙媽這一對，提出從母性的是雙爸，因為他在大學時修過性別課程，很早就接觸了這類議題，並認為從母姓是很公平的事。加上雙媽剛好沒有兄弟，長輩對雙爸表達過希望有小孩從母姓，因此雙爸主動提出這個建議。

在男女平等意識之外，「母無兄弟」也是我的受訪者的共同特色。五組個案中，女方娘家只有姊妹的就占了四組。有些娘家長輩會非常盼望女兒的下一代從母姓以傳（父親）宗嗣，就如雙媽的祖母，在雙爸雙媽婚前就為此與雙爸溝通過。其他受訪者像是叮噹、娥媽的父母，也暗示從母姓的孫子女可獲得較多遺產。但叮噹、娥媽強調她們並不是為了這些遺產而讓子女從母姓，也不是為了傳宗接代，因為孩子的孩子是否會繼續傳承這個姓氏「根本是沒有辦法打包票的」，因此她們傾向從性別平等角度來說明自己的行為。

從母姓的條件：
超脫父系家族控制的經濟與文化資本

從父姓畢竟是根深柢固的傳統，要改變這項傳統，需要有一定程度的客觀條件，才能支持改變所需的能動性。這些條件主要攸關兩個家庭或是上下兩代誰擁有較多發言權，而背後經常與「從母姓發動者」擁有的經濟與文化資本有關。

女方或女方娘家的經濟優勢，可以提高女方在姓氏選擇上的發言權。阿千就強調，自己有獨立養家的能力，「（經濟）從來不靠他（丈夫），就是缺了他也沒有關係。」加上丈夫外遇，自己與夫家的關係又早已決裂，因此阿千沒有太多顧忌，就決定離婚並改變子女姓氏。可以說，丈夫的外遇賦予她在此事上一定的發言權力。同樣，叮噹也透露了自己娘家的經濟實力較強，加上丈夫的父母很早就離婚，丈夫一直由母親扶養長大，傳承夫家宗嗣姓氏的壓力較小。

玲玲的娘家則是文化資本比夫家還高，她認為自己的父母之所以支持她，並不純粹是因為沒有兒子，而是態度開明自信，不怕別人閒人閒語。至於公婆的觀念則比較傳統，也較在意外人態度。玲玲和丈夫均身為知識分子，覺得不需要理會外人的保守觀念，並以此說服公婆。

倘若男方本身就想或支持孩子從母姓，主權之爭便會轉移到男方兩代之間。例如，雙爸家庭的經濟文化資本都比雙媽家庭高，但因雙爸是從母姓的主要發動者，即使他的母親生氣到留紙條表示「不歡迎別的姓的人來我們家」，雙爸仍認為自己成立的家庭應當由自己作主，不需事事聽從父母。娥爸也是早就認定第三個小孩要從母姓，且認為他和妻子已經夠年長，應有自決的權力，包括請助產士到家裡來接生。這樣的想法並未因為父母反對而動搖，因此在第三個女兒登記從母姓時，就決定不徵詢父母意見。

從母姓的行動策略：從對抗到溝通

要從母姓，最直接面對的就是家中長輩的阻礙，因此我的受訪者採取了幾種不同強度的策略，來實踐從母姓的目標。以下依照「衝突」到「溫和」的程度依序介紹。

最衝突的策略就是「直接對抗」，又以離婚的阿千手

段最為強烈。從言談中可以看出，阿千對於夫家的不滿，是她勇於正式決裂的原因。「從母姓」是她追求的目標，也是反擊夫家父權的手段。離婚之後，來自夫家的質疑和不滿，就完全推給依舊同居的丈夫承擔。除了阿千，雙爸、雙媽在這過程中也曾與雙爸的母親冷戰，甚至好幾個月沒有回父母家。雙爸對於自認為正確的事情，就會有所堅持。

如果知道父母可能會反對，但又想避免直接衝突，這幾對夫妻就會「先下手為強」，做了再說。娥爸娥媽以及玲玲都是在登記子女從母姓之後，才讓夫家父母間接或意外知道此事，且某個程度都以「自主權」為訴求。他們預見夫家會有很多意見，但又認為這事情應由自己作主，乾脆先做再說，長輩就算責難，也改變不了事實。此一策略反映了年輕一輩夫妻的獨立意識。

如果從母姓這件事情無法獲得長輩或配偶的認可，又不願直接對抗衝撞，則可能可以用一些策略在堅持理念和遵守傳統之間取得可接受的平衡。從玲玲和我自己的個案上，不約而同發現「命名的藝術」可以達到部分的緩衝功能。我和丈夫將小孩取單名「川」，並且告訴公婆，回到鄉下時可以加上丈夫的姓氏，叫他「溫彭川」。由於公婆比較在意外人的眼光，因此勉強接受了這個策略，讓這件家庭爭議劃下句點。同樣，玲玲為了減輕丈夫對外人眼光的疑慮，將丈夫的姓氏直接放入孩子的名字，取名「洪敦」，但登記時加上自己的姓，成為「邱洪敦」，作為回應外人詢問、避免困擾的策略。

最後一項策略在本研究個案中算是常見，不論是事前或事後，家庭關係還是需要維持，因此「由丈夫負責溝通」成了不可免的策略，讓妻子得以避開與公婆親戚發生衝突、免於尷尬。為此，妻子有時得先說服丈夫。叮噹就是成功說服丈夫的例子：「不管從父姓、從母姓，都是你的孩子。」一旦丈夫認同這樣的論述，就較容易化解從母姓帶來的僵局。

娥爸娥媽因為在事前與娥爸的父母沒有溝通，一度讓家人十分不諒解，因此也得在事後嘗試修補和父母及姊姊的關係。娥爸的方式是在部落格上書寫，將自己的心情、給父親的家書等，放在姊姊會閱讀的部落格。他透過這方式告訴家人：「我現在把這個家照顧得很好，請你們不要擔心。」

改革種子 vs. 到此為止？

透過五個從母姓家庭的經驗分享，本文初探了從母姓所需面對與克服的家庭政治。儘管「母無兄弟」是約定從母姓的重要原因，但是這個機會究竟能否成為家庭性別平權改革的種子，翻轉「只有兒子可以傳宗接代」的父姓制邏輯，進而提升女性的家族與社會地位？抑或只是用來解決這一代父姓傳承危機，解決之後就「到此為止」，繼續從父姓？這個後續發展，與行動者本身及社會普遍的性別平等意識都有很大關係。

行文至此，本文希望召喚更多認同從母姓理念的朋友，化理念為行動，加入從母姓的行列。這不僅是個人家庭中的小革命，也有潛力成為人類性別平權史上的大革命。期待未來「你們的小孩姓誰的姓？」不再是一個突兀、沒禮貌的提問，而能就像問「叫什麼名字」一樣，是新生兒父母可以津津樂道的思辯過程。

「姓什麼」有那麼重要嗎？

女性主義者指出「父姓制」是鞏固父權社會結構的重要支柱，不論東西方都可以看見這種慣習的支配性。歐美許多國家與日本都有「家姓制度」的傳統（一家同姓氏），女人多於婚後改從夫姓，子女自然也從父姓。有些國家不再有妻改夫姓的習慣（如今日臺灣），但子女從父姓的傳統依舊根深蒂固。不論從夫／父姓，維繫的是男性優越、女性從屬的性別秩序階層與信念。人類學家 Hildred Geertz 和 Clifford Geertz 即指出，父姓制度讓父系成為個人家族認同與家族記憶的核心，同時造成母系的系譜失憶。

從父姓傳統在重視祭祀和傳宗接代的亞洲許多國家，更強化了「重男輕女」的正當性，因為只有兒子可以將家族姓氏傳承下去，女兒則被視為賠錢貨，導致亞洲許多國家如中國大陸、南韓、印度、臺灣的嬰兒出生性比例，長期存在男多於女的失衡現象。媒體上經常看見「某某女星『幫』夫家生了一個兒子」這類用詞，背後思維也是將女人當成「幫」夫家傳宗接代的生產工具，這種性別歧視的日常用語與「父姓制」當然脫離不了關係。因此學者陳昭如認為，雖然從母姓仍是延續「母親的父親」之姓，但此一行動對「父姓常規」形成了挑戰，也可以成為「母姓傳承」的起步。她並指出目前民法將子女姓氏授權夫妻「自由」協商約定的作法，看似男女享有平等機會，其實只是形式平等的思維，政府的「不干預」鞏固了父姓制的傳統，「子女姓氏協商權」對母親而言仍是無效的權利。

出處：陳昭如，2014。〈父姓的常規、母姓的權利：子女姓氏修法改革的法社會學考察〉《臺大法學論叢》，43 卷 2 期，頁 271-380。

注1：民法 1059 條在 2007 年修正前，對於子女姓氏的規定全文為：「子女從父姓。但母無兄弟，約定其子女從母姓者，從其約定。贅夫之子女從母姓。但約定其子女從父姓者，從其約定。」新規定是，夫妻在辦理出生登記時「應以書面約定子女從父姓或母姓」，而不再是以前一律規定從父姓。

surname

小孩自己帶才不會輸在起跑點？

不同育兒論述的競逐

楊佳羚 高師大性別教育研究所

如果小孩和與外界隔離的母親相處時間太長，將有害兒童發展。至於公共托育的專業教師，將有助於孩童在公共托育的環境中成為具有民主素養的個人。

　　三年前，帶著快滿四歲的孩子回台灣，第一件大事就是找幼兒園。還在瑞典時，才三歲多的路比已經從媽媽和朋友的對話得知台灣幼兒園的現況，對我千叮萬囑：「媽媽，我絕對不要去要寫字的幼兒園！」

education

挑選幼兒園 這件大事

其實不用她交代，我們選幼兒園只有三大原則：一、不選連鎖式的幼兒園，從《血汗超商》這本書就可以了解，連鎖企業總是肥了大老闆，苦了第一線的員工；二、不選要寫功課的幼兒園；三、不選雙語幼兒園，除非雙語是母語及官方語言。

為何這是我們選幼兒園的三大原則？

一、台灣幼兒園有七成為私立的營利幼兒園，這些幼兒園大多收費昂貴，但第一線的幼教師並沒有良好的待遇，而且專業自主性不高。一如連鎖超商常讓社區的柑仔店無法生存，連鎖式幼兒園常壓縮其他較小規模私立幼兒園的生存空間。此外，連鎖幼兒園的教師在制式規格下，更難有專業自主，而且通常無法與幕後最大的老闆協商。

二、私立營利幼兒園的高收費通常標榜「不要讓孩子輸在起跑點」，許多都只是按表操課，課程型態不外美語、數學以及額外收費的才藝課程。但這種強調競爭、分科學習的幼兒園，並不符合孩童的發展原則。對於幼兒來說，「玩」是最好的學習，因為玩樂中的孩子無不五感全開、創意無窮。小朋友是在玩沙、畫迷宮、爬上爬下等各種遊戲中發展大小肌肉，如果太早寫字，不但不符合小朋友發展，反而有害他們成長。

三、有的幼兒園強調「雙語教學」甚至「全美語」。然而，語言學習需要的是自然情境，在脈絡中有意義地學習，而語言學家更強調「一人一語」的重要。例如，我在瑞典的朋友，她跟孩子講中文，她丈夫跟孩子講拉脫維亞文，他們兩人之間以英文溝通，孩子在學校則講瑞典文，到後來她的孩子四個語言都學會了。在幼兒階段，重要的是先有好的母語基礎。母語就像樹木的主幹，之後的語言學習就會開枝散葉。但在台灣並沒有美語的自然情境，如果幼兒的母語都還未發展完全，就把他們放在刻意營造、斷裂的美語學習環境中，最後往往美語沒學好，中文也很糟，母語則完全不行。此外，幼兒園外師與中師經常有不同待遇，這等於在不自覺中讓孩子誤以為「西方／英語」優於「本地／母語」，甚至認為這種國際位階與種族歧視是合理的。這不但是揠苗助長，甚至是錯誤的學習！

我們很幸運，在新竹找到一間私立幼兒園，其中一位老師是地主的女兒，而園長自己就是老師。那裡的老師平時都用客家話聊天。路比回台灣學的第一首歌就是「天公啊，落水哦，阿妹啊～」，不認識的人還以為她是客家孩子。路比最喜歡的，就是暑假「一三玩沙、二四玩水、星期五做古早味」的課程，還有游泳池、腳踏車以及給孩子種菜的菜園。雖然她們還是有美語、MPM 數學之類一般私立幼兒園都有的課程，但經我確定「美語都是隨便上，都在玩」之後，就很放心地讓小孩上學去了！[1]

　　一年後，我在高雄找到專任工作。之所以選擇移居高雄，原因之一就是孩子的幼兒園。早在孩子七個月大、我們和瑞典教師一起參訪五甲社區自治幼兒園時，我就向園方登記排隊──雖然當時的我根本不知道何時才能回台灣，也不知回台之後會落腳何處。這家幼兒園是非營利的私立幼兒園，強調「公民共辦」與「社區參與」。公部門只補助設立時的費用，並提供較便宜的場地租金，承辦的民間機構則在運作後自負盈虧。承辦幼兒園的是彭婉如基金會，他們參照瑞典的「參與式民主」，成立「社區自治委員會」，結合官方（主管機關代表）、民間（包括基金會代表與社區代表）及相關利益團體（在此為幼兒園教師及家長）而組成。課程方面，則完全沒有制式課表，也沒有課本或作業，而是從孩子的經驗發展主題教學、帶孩子認識社區植物與環境，並和社區居民互動，參與社區公共事務。在社區社福中心活動或是高雄反核遊行中，總有五甲社區自治幼兒園的參與。

　　我選擇幼兒園的經驗，似乎十分違背主流想法。有些家長說，雖然她認同我的作法，但發現自己和別人不一樣時，仍然備感壓力。別的家長總是努力栽培小孩，別人家的孩子兩歲就會背唐詩、三歲就會認字讀書，無論ㄅㄆㄇㄈ還是加減乘除，全都難不倒。不但如此，還可以表演鋼琴、小提琴、芭蕾舞。相較之下，自己簡直就是「懶惰的父母」。

敏感的讀者也會發現，「親職」論述對「父母」的規訓，其實只有針對「媽媽」，而不期待父親做到這些。父親只要能像房子與房車廣告裡的爸爸那樣，「給」妻子兒女一個窩、能掌握方向盤，在假日「帶」全家出去玩，就是成功的男人、頭頂上有光環的父親。而媽媽只要少做了一件事，不管是沒餵全母乳、沒精讀育兒寶典、沒選購能刺激小孩發展的教具書籍、沒送小孩去學各式才藝，就是「不盡職的媽媽」。

孩子還是要自己帶？台灣與瑞典的育兒論述比較

更有意思的是，無論我如何強調易子而教的好處，大力稱讚瑞典幼兒園老師如何訓練小孩獨立生活與獨處的能力，可以讓當媽的我一派輕鬆，但是當我跟他人講起「我們家小孩一歲又兩週就開始上幼兒園，她把幼兒園當小學念了六年」時，反應從輕微的搖頭到大聲高呼「夭壽！怎麼那麼早」，全都反映了她們的不認同——因為，「小孩還是要自己帶」！

從主計處的統計中，可以看到在 2010 年，未滿三歲的子女有 54.9% 是由 15-64 歲的已婚女性親自照顧。雖然比率上已比 1980 年的 82.75% 下降，其實仍遵循「自己照顧」的模式，只是由母親轉為「祖父母或親屬照顧」（祖父母照顧的比率，也由 1980 年的 14.64% 提高到 2010 年的 34.74%）。也就是說，在 1980 年，未滿三歲的小孩有 97.39% 是在自家中由母親、祖父母或親屬照顧；2010 年仍有 89.64%。因此，台灣社會強調「小孩還是自己帶最好」的論述與實際育兒安排，在這三十多年來，並沒有太大變化。

育兒應如何安排，其實深受制度、論述的影響，這背後隱藏著不同的意識型態，也會對女性、親子、家庭，以及女性與家庭、勞動市場及國家的關係造成不同的影響。

1980 年台灣托育情況
（0-3 歲嬰幼兒）

1980
Taiwan

2.61%

97.39%

● 小孩主要由母親或親人照顧
● 小孩由褓母或幼兒園照顧

2010 年台灣托育情況
（0-3 歲嬰幼兒）

2010
Taiwan

10.36%

89.64%

● 主要由母親或親人照顧
● 主要由褓母或幼兒園照顧

　　以我之前生養小孩的國家瑞典為例，我的孩子之所以那麼早就開始上幼兒園，是因為市政府義務提供一歲以上嬰幼兒的托育照顧，而且這樣的福利服務不限於瑞典公民，只要擁有「居住權」的家庭，孩子就能享有托育照顧與教育。正因為有 480 天的有給親職假，供父母在小孩滿七歲之前彈性請領，並提供一歲以上嬰幼兒的托育照顧服務，父母才不用在家庭與工作之間抉擇。2011 年，瑞典 1-5 歲的小孩有 85% 都在幼兒園的托育系統裡。在小學階段，課後照顧也涵蓋了

74% 的 6-9 歲小孩及 17% 的 10-12 歲小孩。普及的托育服務加上支持父母就業與育兒的政策，使得瑞典女性有高度的勞動參與率（平均勞參率 82%）及生育率（平均每個女人育有 1.9 個孩子）。

不過，這在瑞典並非向來如此。在 1960 年代，單薪家庭仍是瑞典社會的常態，父親被認為是家中的經濟支柱，母親則被視為主要照顧者，只有不到 2% 的小孩待在公立幼兒園裡（現今則剛好相反，瑞典的家庭主婦比率只有 2%）！

在當時，即使瑞典社會的主流育兒論述為「小孩自己帶

1960 年代瑞典的托育情況
（1-5 歲幼兒）

1960
Sweden

> 98%

< 2

◉ 小孩主要由母親或親人照顧
◉ 小孩主要由公立幼兒園照顧

2011 年瑞典的托育情況
（1-5 歲幼兒）

2011
Sweden

85%

15%

◉ 小孩主要由母親或親人照顧
◉ 小孩主要由公立幼兒園照顧

最好」，但社會中也開始出現對兩性「雙重角色」的辯論，認為應該讓兩性同時成為有職工作者與照顧者。這類性別角色的辯論與學術研究讓瑞典親職意識型態出現轉變，學者也在委員會的研究報告中生產出一套反對論述，把原先只被當成「個別家庭」要去安排的照顧需求，轉變為國家政策要認真面對的「國家大事」。

委員會的研究報告指出，如果小孩和與外界隔離的母親相處時間太長，將有害兒童發展。此外，研究報告也認為公共托育的專業教師將成為兒童「愛的資源」，使孩童能在公共托育的環境中成為具有民主素養的個人。研究報告中所援引的教育、兒童需求與兒童心理發展理論，打破了之前認為「小孩最好自己帶」、「應由母親在家中照顧小孩最好」的觀念。

為了減少父母在親職假期間獨自在家照顧小孩，常有「嬰兒車大隊」相約一起散步郊遊。

除了委員會運用社會科學建立一套新的育兒論述，建議社會政策要能協助雙親成為有職工作者與照顧者，1960-70年代瑞典社會勞動力短缺以及工運、婦運的社會脈絡，也使得全職在家女性成為勞動市場所欲開發的重要勞動力，進而讓「女性」的托育照顧需求轉為社會必須承擔的責任。為了讓女性加入勞動市場，瑞典從 1970 年代開始一連串家庭政策的改變：1974 年開始，原本的「母職假」改為「親職假」，讓女性走出家庭的同時，也提供男性回家照顧小孩的管道。1979 年，家中有 12 歲以下小孩的父母，有權只工作六小時。瑞典政府更從 1930 年代就宣示，要讓整個國家成為「人民之家」，讓人民從搖籃到墳墓的生命過程都有政府照顧，但到了 1970 年代，才開始廣設褓母與公立幼兒園的托育服務。

瑞典育兒論述重大轉變的關鍵

二十世紀初，瑞典從農業社會轉變為工業社會之際，家庭型態也出現劇烈變動。他們從過去全家人都在家從事勞動，轉變為男性家戶長出外工作賺錢，女性在家照顧孩子及家庭──所謂「男性養家」（male-breadwinner model）的型態。然而，在這類性別分工分明的家庭型態下，女性無法投入勞動市場，只能困在育兒與家務的循環中，使得女性不願生育，造成瑞典生育率降低。

1938 年，人口委員會的研究發現，女性若能在婚後繼續留在職場，會更有生育意願。此外，他們也建議應建立性別平等及對女性友善的職場環境（例如刪除禁婚禁孕條款）。然而，這份研究建議卻與當時瑞典社會的主流意識型態相違。

這種「父親工作 / 母親照顧」的家庭圖像一直延續到 1950 年代。1951年，「日間照顧與幼兒園」的政策委員會報告，基於心理學與兒童的照顧需求，多數女性在孩子年幼時傾向在家照顧孩子，因此政策改革並非把小孩從母親身邊帶走。但另一方面，他們也強調必須兼顧母親外出工作的需求、雙薪改善家庭經濟的需要，以及社會需要女性勞動力等面向。此外，報告中也提到如果孩子都待在家中由母親照顧，反而不易在團體中與人合作，不利培養民主社會的公民。因此報告建議應廣設國家級照顧機構，負責照顧六個月大到七歲的孩童。

然而，這份報告同樣因為不符當時主流意識型態而遭擱置。直到 1960年代瑞典開啟性別角色的辯論、婦運與工運要求縮短工時及廣設托育機構，以及最重要的，瑞典政府因務實考量決定開發女性勞動力，才出現以「雙薪家庭」為主流家庭圖像，進而支持男女平權的家庭政策。

從瑞典家庭政策及托育政策的轉變，讓我們看到托育論述是變動的過程，有可能受到當時意識型態或政策所影響。例如，有些心理學會強調母親與孩子的緊密連結，但我們卻很少想到這也許是不平等的性別分工所導致，而社會更以這類「自然」需求的理論來合理化、鞏固既有的不平等的性別分工。以瑞典的托育論述為例，他們雖然不否認在家照顧對孩子的重要（因此也提供育嬰假讓父母有權利暫時離開職場在家育兒，並獲得薪資補償），但也考量女性發展、家庭經濟、社會勞動力的需求，而建置托育機構。

另一方面，政策需要有研究基礎。但研究提出的建議能否實踐卻是各方角力的結果。例如，1930 年代「改善職場性別不平等」及「女性婚後持續留在職場，有助其生育意願」，以及 1950 年代「國家廣設托育機構」的政策建議，都因不符合當時社會主流「男性賺錢養家 / 女性在家照顧」的家庭型態與性別分工而遭擱置。要等到社會再度面臨問題（如擔心 1930 年代的低生育率恐怕在戰後嬰兒潮結束後再度出現、社會對女性勞動力的需要、女性就業率提高，以及 1960 年代開始西方風起雲湧的社會運動），才可能重新獲得重視，並開啟政策改革的新方向。

education

小孩自己帶才不會輸在起跑點？

教育是投資，還是權利？

我曾在大學通識及性別所課堂詢問學生：「教育是投資，還是社會權利？」結果，被父母一路「投資」到大學的學生多數選擇了前者。然而，瑞典主流論述卻認為，教育是人民的社會權利，並希望透過教育消弭社會差距。一如前文中育兒論述的轉變，這除了受到與性別平等息息相關的「性別角色論爭」影響，更重要的乃是瑞典以工人起家的社會民主黨將托育議題轉變為性別中立的「家庭議題」，以「階級平等」涵蓋「性別平等」。

從瑞典拉回台灣，社會所盛行的「不讓孩子輸在起跑點」論述，則是將幼兒教育定位為可「投資」的「商品」（而非社會權利），如此家長才會大掏腰包，送小孩到各式才藝營利托育機構，也出現私立幼兒園占了七成的社會現象，而國家則繼續袖手旁觀不涉入托育。

台灣未來的發展會如何呢？先不論揠苗助長的結果會不會讓孩子根本跑不到終點，我們不妨繼續觀察，台灣有沒有不同的育兒論述出現？這些論述對於既有的觀念與制度，會造成什麼改變呢？

注1：看了十分心動的新竹讀者，請不要來信詢問我這家幼兒園。由於地主的幾個兒子聽信炒作農地的仲介公司的話，決定將土地賣掉，也使得持分的幾個姊妹難排眾議。因此，這家優秀的私立幼兒園已因性別不對等的家庭協商、台灣農地炒作等因素，無法繼續存在。

陳婉琪 台北大學社會系

一堵打不破的牆？

從高中女生程度落後談起

考試議題之所以令人感到尷尬，原因是否在於：不考試，我們其實不知道怎麼教學生？

這幾年帶過幾個指導學生，其中不少優秀的女學生都曾發出如此惋惜：「當年高中為何傻傻地跟著大家選社會組呢？後來發現自己其實對○○、╳╳學科也很有興趣啊！」無需她們說明，我們都明白，在台灣，高中階段一旦選擇了社會組，之後跨組、換領域的機會就很渺茫了。

換句話說，面對未來人生原有無限可能，但在思想尚未

成熟、對職業領域亦無充分了解的 16 歲，很容易一不小心就把未來職業生涯中的各扇門給關閉了。關於這件事，大家似乎也沒有太多怨言，因為這可都是個人自主選擇來的（當然，難免也受家長或老師影響）！

女學生這樣的小小「殘念」心情，不知怎地，我一直放在心上。

如果教育的重要目的之一，是為受教者帶來思想的鬆綁、能力的解放；如果，受教育是個人發展的一種重要途徑，而發展即自由。那麼，當教育「成果」令受教者感到扼腕、失落，個人興趣與熱情找不到盡情噴發的軌道，這是否表示，現今的教育並未提供充分發展的空間？個人看似擁有自主的選擇權利，但實質上卻是受限的自由？

高中男生的能力測驗高於女生，原因在分組？

前陣子在分析「台灣教育長期追蹤資料庫」時，注意到一件事：從國中階段的能力測驗來看，男女不僅沒有太大差異，平均來說，女生的分數還經常高於男生。但是高中階段卻出現了大翻轉：男生的進步幅度較大，所有的能力測驗分數，均顯著高於女生。

針對這樣的現象，初步揣想是，或許原因在於「女生發展得早，男生成熟得晚」──男生比較晚熟，因此要到青少年後期才會迅速發展。不過，參照近年許多西方國家的情況（女性崛起，男性的教育成就大幅落後），台灣資料所顯示出的性別差異似乎不太一樣，這其中是否有其他因素？台灣的高中分組制度會是關鍵因素嗎？原先放在我心上的揣想，逐漸發酵成具體的懷疑。

於是我開始針對高中男女學生的分組情況和學習表現進行簡單的分析，結果發現，「就讀組別」竟能完全解釋高中

男生在測驗成績上的優勢：

一、在學生原本程度（以國三測驗成績為準）及成就動機相同的情況下，高二選讀自然組的學生，能力測驗分數比社會組學生提升更多。若將這種效果稱為「自然組效應」，那麼，這種正面效果與性別無關，男生、女生都一樣。

二、由於性別與選組高度相關（男生有 72% 選自然組，女生只有 36%），導致高中男生基本認知能力的進步幅度比女生來得大。

三、高中階段能力測驗分數的男女差異，可全由「自然組效應」來解釋。若將自然組、社會組區分開來，同組內男女生測驗分數並無顯著差異。

　　這樣的結論有何意義？鼓勵大家（尤其是高中女生）都去選讀自然組？當然不是。人文社會領域（法律、商管、政經、基礎學術研究、傳播、文化創意等）作為社會分工的一部分，鮮少人能說不重要。但是，以上結論明明白白指出「自然組的訓練較佳」，至少在可測驗出來的認知分析能力上是如此。

　　事實上，不需等到研究結果來指引，教育體制內的個人行動者自會精打細算。不論是學測或指考的遊戲規則，不少學生和家長已認知到其中的自然組優勢。換言之，近二十年來大學入學制度的變革，可能已造成自然組漸增的趨勢。這對原本傾向集中於社會組的女生而言，或許是件好事，但換個角度思考，人文社會領域不重要嗎？男生會比以往更單向地集中在自然學科嗎？這是個發展正常的趨勢嗎？

　　若要說荒謬，根源或許在於現象的最根本之處：二擇一的課程分組制度。

自然／社會二選一制度，合理嗎？

目前，絕大多數的台灣高中從未執行教育部所期望的「以選修代替分組」，而是「以分組代替選修」來安排課程。在硬性分組的制度下，社會組學生不會被要求較進階的數學程度，也無精進數學的選課自由。

社會組相關學科不需要數學與邏輯訓練嗎？事實上，許多社會組相關學科，如商管、統計和社會學，不論是在實務應用或學術研究上，都有可能受惠於更進階的數學能力。至於人文學科或許與數理領域不那麼直接相關，但任何學科都需要邏輯分析能力的訓練。正因人文學科的知識傳遞管道及溝通模式並不採用數理領域常用的精簡符號語言，因而加倍倚賴語言文字。然而，語言文字的屏障卻有可能提高邏輯分析的困難度。換句話說，人文領域可能更需要基本邏輯分析訓練作為基底，舉凡日常生活所謂的「表達不知所云」、「溝通缺乏效率」，就有可能導因於缺少邏輯分析能力。

目前的高中選組制度最大的問題是：學生在課程選擇上只能成套接受，不能自行搭配。這就好比消費者以昂貴的價錢（兩年的青春）去購買整套精裝大百科或商家配置好的全套家具。然而，販售者若能提供零買的選項，會發現一次購買成套商品的消費者其實不多。這並不是說成套商品的搭配一定不好或沒有人喜歡，而是適合的人至少得符合兩大前提：一是消費者已相當清楚自己的需求，二是套裝商品的內容配置剛好符合個人需求與喜好，不會太多也不會太少。倘若無法滿足這兩項前提，成套商品對多數人來說便不是理想選擇，遑論「發現不理想卻不能退貨」的糟糕狀況。

以下羅列幾個理由，具體陳述這種套裝式分組課程的不合理：

- 自然學科與進階數學綁入同一個學習包裏中：如前所述，這個規範反映了「人文和社會科學領域不需進階數學能力」的偏頗想法，可說相當落伍過時。
- 精進數學能力與精進語文能力被迫二擇一：進了英語實驗班的高一學生，經常直接被指定為「社會組」。只因為英文很強，未來學涯及職涯的選項就莫名其妙刪除了一半？
- 「跨領域整合與創新」的可能性大幅降低：在不斷強調「跨領域整合能力」的今日，二擇一分組制度卻阻斷了一半以上的組合空間。舉例來說，生物科技牽涉到人類倫理議題，學習者卻不能同時選擇精進生物知識與人文社會學科，這是否合理？

多一點制度彈性會更好：
從取消乙丁組區隔的歷史來看

　　除了消極地批評現行制度的缺失，我們也試圖積極地進行思考與提問：跳脫二選一的僵固，讓制度增加更多彈性能帶來什麼改變？我偶然發現一份有趣的研究，為「制度彈性」這個問題提供相當直接的答案。

　　1984 年之前，大學聯招原本區分甲（理工）乙（人文）丙（農醫）丁（法商）四組，考生需於考前決定報考組別。乙組與丁組考試科目相同，然而考生一旦決定組別，便無法跨組選填志願。1984 年（73 學年度）在制度上的重大變革，就是將乙組與丁組合併為第一類組。

　　經濟學者陶宏麟（2003）發現，1984 年大學聯招的制度變革，對教育性別隔離竟產生了令人意想不到的「去隔離」（desegregation）效果。這份研究分析教育部統計數據、歷年科系排名等資料，發現乙丁組合併之後，法商科系排名大幅躍進，而原本商管及法律兩類領域男性人數遠高於女性的情

況，也逐漸出現變化（見下方表格）。這表示原先受到制度分組限制的女性考生，因制度彈性變大（不必在考前做出選擇，可於考後自由選填文法商），跨越傳統框架的門檻一變低，女性便大量流入法律與商管科系，進而使得法律領域的排名在短時間內大幅躍升。

制度上的小變革，帶來了個人選擇的大轉變。鬆綁一項規定就像打破一面牆，彈性增加了，跨越性別刻板印象的門檻也會跟著降低。這個例子充分顯示了制度彈性有助於瓦解僵固的性別界線。

66 至 85 學年度第一類組各科系入學新生男性對女性的比率（男／女）

學年度 類別	66	67	68	69	70	72	73	74	76	78	80	81	82	83	84	85	T 值
人文	0.36	0.29	0.34	0.28	0.24	0.21	0.28	0.32	0.31	0.28	0.30	0.28	0.31	0.30	0.29	0.33	0.482
商管社會	1.54	1.53	1.71	1.51	1.45	1.37	1.04	0.90	0.83	0.84	0.89	0.84	0.82	0.71	0.75	0.78	3.446
法律	1.76	1.83	2.27	1.99	2.13	2.48	1.46	1.35	1.04	1.01	1.40	1.11	1.43	1.05	1.25	1.26	2.313

出處：陶宏麟（2003）73 學年度大學聯招制度變革對文法商科系排行榜重組與性別「職業隔離」之影響。師大學報（教育類）48(2):1910214

考試制度是病灶

檢視近十年相關政策的爭議，我們發現，政策制訂者並非未曾意識到拆除文理課程分組的高牆有多重要，但由上至下的推廣方式卻幾近無效。由上而下的課程架構規劃，敵不

過由下而上的升學考試文化的牽制。

　　高中課程分化只是眾多教育議題之一。若將問題往上推，或許可以問：落實教育理念及推動政策所遭遇的困難，背後的關鍵因素是否有相似之處？追問病灶很可能還是得回到考試制度與考試文化。

　　想為人文與社會科學領域扎下深厚而穩健的根基，困難度遠大於自然科學領域。如果在考試制度的箝制下，人文社會領域的學科一概被認知為「背科」，不需要更進階的能力，不需要更深層的理解、詮釋、邏輯和批判訓練，社會組的教育實踐，就會淪落到「考前惡補就可以了」。如果，那些深具影響力的校系一直帶著這種歧視眼光來看待社會組（這也是跨考爭議的源頭），現行二元課程分組制度的種種弊病顯然完全無解。

　　反對考試制度，只是便宜行事喊出的輕率口號。考試議題之所以令人感到尷尬難解，原因可能在於，若要拿掉考試制度（或至少減輕比重），還需具備理想的條件：優良師資、優良課程和優良教育。然而，這些條件需要很久的時間來醞釀和改變。回想一、二十年前的體罰爭議，問題的癥結常在於「不體罰，我們不知道如何教孩子」。現在，面對這陰魂不散的考試制度與填塞式教育，待我們克服的真正難題可能是——不考試，我們其實不知道怎麼教學生。

相愛真的沒有那麼容易嗎？

于美人
家暴事件的社會學考察

唐文慧　中山大學社會學系及通識教育中心合聘

台灣社會的父權性別文化不但壓抑女性追求個人成就的動機，也使男性背負過重的社會期待，進而扭曲並破壞夫妻雙方的關係。

　　于美人的家暴事件爆發之時，天天占據媒體版面，許多評論者也紛紛表態，誰對誰錯各有支持者。兩人的世界是否真如黃小琥的歌所說，「相愛沒有那麼容易」？我認為，這個事件不該只淪為茶餘飯後的八卦話題，還值得我們做一番社會學的考察。

relation

于美人是強勢的女人？孝順的女兒？

家暴有個非常重要的成因，而這往往超越當事者的個人因素，那就是台灣整體社會的性別文化。這種文化使得個人經常難以掙脫傳統性別角色的包袱，因而落入「性別困擾」，引發關係衝突，這才是問題產生的重要根源。

回顧此事件，源於 James（于美人的老公）跟丈母娘（于美人的母親）長期相處不睦。這次因言語衝突（甚至有動手的嫌疑）使得于美人得「依法」為母親申請保護令，家內不睦事情才曝光。有人認為，于美人是媒體寵兒，收入高、名聲響，因此她講話一定比較大聲，在家裡肯定對丈夫頤指氣使，激怒老公，才會導致家暴。

然而，于美人在記者會上說自己是「孝順的女兒」，認為老公對養育自己長大的單親媽媽大小聲，態度不敬，讓她不得不為母親申請家暴保護令，這是在盡自己身為女兒的責任。接著又表態，絕對不會棄親生母親於不顧，而由於兩人住在「娘家」，該搬走的絕不是母親。究竟誰是誰非，似乎社會大眾並無公斷，更添事件的可談論性。

家暴行為是社會結構的產物

從社會學的角度來看，許多個人行為其實都是社會結構的產物，家暴也不例外。社會學者認為，家庭暴力發生的原因不能只從個人層面來解釋，因為在不同的社會文化下，婦女受暴的機率也會跟著改變。研究也發現，社會文化越是支持婦女外出工作、擁有自己的收入，並肯定女性的「家庭再生產」貢獻，婦女的受暴率就越低；而社會文化若越容忍男性以暴力對待女性，家暴比例就越高。

如果依照以上的論點，我們可以追問，對於婦女外出工作和擁有自己的事業，台灣社會文化是否仍抱持著保留的態度？這是否也間接造成于美人的家暴事件？台灣社會是否仍然認為，婚姻應該維持在所謂的「男高女低」、「男尊女卑」的傳統性別關係中，才算理想？果真如此，難怪那些高收入、高職業成就的「女強人」會被父權社會認為是婚姻殺手，因為她們違背了傳統的性別配置。也難怪總統候選人蔡英文會說出，自己單身的好處是「至少不用兩面作戰」。似乎「家庭與事業兼顧」從來只是女人的難題，而不是男人的困擾。這樣的社會，是性別平等的社會嗎？

女強人是婚姻殺手？男寵夫是人生失敗組？

　　把家暴歸罪於「女強人」，不僅壓抑女性追求個人成就的動機，也造成「厭女主義」。然而，男性其實同受其害，因為他們得處處小心維繫「傳統的男子氣概」，深怕自己成就不夠高、收入不夠豐，不能如總統女婿那般「高富帥」而受到社會的支持和肯定。因此，在事件當中，我們聽到男女雙方各執一詞，于美人指責 James 失業多年，沒有養家，而 James 卻一再否認失業。

　　在父權文化下，失業的男性會遭受巨大的社會壓力，認為他們無法扮演「養家者」的角色。縱使有工作，也被期待收入不僅需高於妻子，也要高於其他男人，這樣的男性才是「人生勝利組」，才會得到社會讚許。這樣的性別文化對於 James 和許多男性來說，無疑是巨大的社會壓力。難怪後來許多言論傾向認為，男方在這個事件當中是「弱勢者」，並處處為 James 說話，因為社會大眾也會企圖修補他「個人受損的陽剛氣質」，並以此來維繫父權社會男尊女卑的性別文化正當性。

根據報導，于美人的年收入有四千萬，倘若這是真的，「兩人的」家庭絕對衣食無虞。究竟雙方的心結在哪裡？男人一定要是「養家者」嗎？女人一定不能是「女強人」嗎？這種組合的婚姻就注定要失敗嗎？這是個人性別包袱造成的，還是社會上性別文化的壓迫所致？如果今天于美人和James的生物性別互換，這些問題還會發生嗎？如果我們無法改變生理性別的差異，我們可否改變社會的性別觀念，以避免類似的衝突？

　　分析社會性別文化如何影響親密伴侶與家庭成員的互動相當重要。如果「相愛沒有那麼容易」，那麼究竟困難在哪裡？除了個人的背景條件和個性態度，社會文化根深柢固的傳統性別意識型態，是否也強烈影響甚至決定了許多人對理想婚姻與性別分工的想像？

兩人相愛的困擾其實是來自於社會

　　從于美人事件，我們必須思考的另一個面向就是，相愛只是兩個人的事，跟整體社會的傳統性別文化無關嗎？家暴衝突的理由常常是：在主流社會的傳統性別秩序中，脫逸常軌的男或女由於無法取得正當性，也不被社會認同，久而久之，個人與社會開始格格不入，進而影響個人的情緒和心性。換言之，個人的困擾其實來自社會壓力，卻又不自覺地將這樣的社會壓力帶入家庭日常生活與婚姻互動當中，在個人與社會多重因素交織的困境下，個體背負了難以掙脫的沉重壓力，家庭或夫妻關係的衝突也應運而生。

　　因此，每件家暴事件的背後，都需要認真去檢視社會因素。社會因素往往會超越個人層次，對眾人行為產生重大影響。下次如果你又聽到家暴事件，不妨先深入想想，兩個人之所以無法掙脫外在因素而單純相愛，那些外在因素究竟為

何？「台灣社會的性別文化」在其中是否扮演了舉足輕重的角色？

關於《家庭暴力防治法》

《家庭暴力防治法》1998 年立法乃由婦女團體、女性主義學者、助人工作者的積極倡議通過，其立法宗旨乃在「防治」暴力，執行處遇流程的工作人員則跨越社政、警政、衛政、司法等不同部門。當我們從家暴丈夫的經驗去看他們與家暴防治網絡的互動關係時，我們發現，家暴法實施多年以後，仍有許多改進的空間，例如：男性再犯率高、持有保護令的婦女仍遭殺害等等。目前家暴處遇較積極地在保障受暴者人身安全，卻很少「觀照」處遇流程是否意識到施暴者的多樣性（階級、教育、族群等），從而給予合理且有效的處遇，以減低暴力事件再度發生。

另外，個人認為「保障」二字會比「保護」來得好，因為若一再強調女性需受「保護」，而未能發展她們的主體性與能動性，那家暴法便成為取代父權社會兄長制弱化女性的國家父權機器。

「家庭暴力」的類型繁多，有「尊親屬暴力」、「卑親屬暴力」、「親密關係暴力」、「婚姻暴力」等多種樣貌，又可再細分如「同志伴侶親密關係暴力」、「異性戀同居伴侶親密關係暴力」、「高齡異性戀婚姻暴力」等。既然家暴類型繁多，產生因素自然迥異，施暴者既有可能是男性也有可能是女性，受暴者亦然。其中通報量占多數的男對女「婚姻暴力」可被視為「性別暴力」的一種形式，分析性別面向對於了解異性戀婚姻暴力因而有其重要性。性別並非自然天生，而是後天建構而成，所以我們在理解異性戀婚姻暴力時需思考，台灣社會對男性與女性的性別建構是什麼？對理想的異性戀婚姻關係的想像又是什麼？

陳美華　中山大學社會學研究所

揪團買春去

台灣男與中國女
的複雜多元性關係

客人壓力很大，因為你是在看她沒錯，但同時間有更多眼睛在看你。

「性觀光」對一般人來說也許是個陌生詞彙，若說到「出國買春」應該就平易近人得多。我過去幾年都在做性工作的研究，從男性消費者口中得知「現在都嘛直接去大陸，不在台灣玩了」以及「俗擱大碗」的評論之後，便開始留意台灣男性出國買春的現象。好不容易取得跟著買春團前進中

國的機會,這篇短文就是簡要分享我跟著買春團旅遊所觀察到的現象。

移動中的男慾地景

我所跟的買春團只有五人,成員中兩位是單身,三人是已婚的中年男性。我們從高雄出發,全程路途遙遙自不待言,比較值得一提的是,從高雄到澳門班機、從山咀港到下川島的渡輪路上,旅客幾乎清一色都是男性。

更令我驚訝的是,渡輪上旅客的行李吊牌上標示的盡是讓人熟悉不過的台灣地名:台南市、嘉義市、台北縣,耳邊聽到的盡是台語。爆滿的渡輪上連我在內的女性不超過十人,其中一、兩位女性是回鄉探親的下川居民,另外幾名稍加打扮的女性,據同團成員的說法,正是在下川上班的小姐。我們還在渡輪上巧遇買春團其中一位成員的朋友。他是回下川「探親」的,他的「老點」愛咪小姐也到港口來接他,兩人再一起坐渡輪回下川。下了渡輪,旅客有的搭私車家,有的轉搭小巴,但共同目的都是體驗下川的性觀光。

當下看著擠滿台灣男性的渡輪,我突然覺得人形地景(humanscape)這個詞整個都鮮活了起來。每天,以出國開會、參展、旅遊、參加各類兩岸運動賽事為名,從台北、台中、高雄出發,為了性與慾望而往廣東東莞移動的男性旅客,在天際間劃出一條條人形流動地景。伴隨著這樣的性遷移,這些男台灣性消費者和中國年輕女性工作者慣常出入的場域,從旅館、酒店、餐廳、髮廊、桑拿、卡拉 OK、沐足按摩中心到高檔夜總會,都成為跨國 / 性交易空間。在這些地方,兩岸男女間的性交易不可免地成為性別、階級、國族政治接合交織的場域。

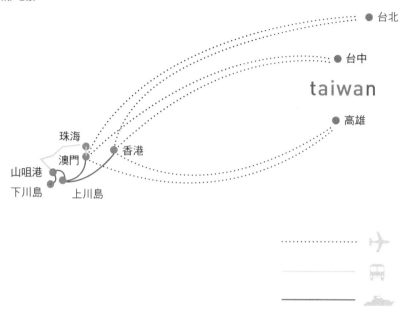

逛花街之看與被看

　　在跟團前往中國之前，就常有受訪者告訴我「在那邊有成千上百個小姐站著讓你挑，你還可以先摸摸看。」「在那邊哦，像皇帝選妃一樣，超爽啦！」之類的話，但我始終覺得是受訪者誇大其詞。另一方面，就女性主義的觀點來看，上百個小姐排排站，被動供人挑選、品評，雖能滿足消費者享有繁多選擇所帶來的刺激感，但小姐豈不成了男性凝視下被物化的性客體？這些疑問在隨團走訪台灣男性最愛的花街之後，都獲得了解答。

　　我所跟的團，經濟能力屬中低階層，經常前往的消費場所是東莞某鎮的中價位卡拉 OK 店「桃花鄉」，不過也有

嘗試踏足當地的五星酒店。兩者的花街規模與呈現方式不盡相同。桃花鄉的花街每晚都有 250-300 個小姐，一個挨著一個站立。歪斜的行列間，空出約一人寬的走道，讓消費者可以游走其間，近距離品評挑選。小姐左胸口貼上不同顏色的紙卡，上面寫著小姐的花名，也標示她們的市場價格。身後的媽咪只要看到男客眼光落在某個小姐身上，就將小姐推出來大肆讚揚一番，甚至直接把小姐胸部推到客人眼前。至於五星酒店的排場更是令人震驚。在容納近千人的表演廳中，約 450-500 個小姐端坐在一排排椅子上。消費者同樣穿梭在行列整齊的小姐之間，酒店給消費者數條花圈，喜歡哪個小姐，就把花圈套在她脖子上。

女人的性與身體，在這兩個性交易空間中都是被商品化、物化的對象，但桃花鄉挪用了相當多夜店的元素（昏暗燈光、電音舞曲），熱鬧的氛圍讓人很容易投入其中。小姐也並非全然被動的客體，她們站在舞池中會笑臉迎上客人的目光，但也有不少小姐看到不喜歡的客人就直接背過身子，不願搭理。換言之，客人在選小姐，小姐也在選客人。相反的，在五星酒店中，小姐一個個被擺得像洋娃娃，如商品般等著被挑選。同團成員中，有人認為「這種安排對客人比較好，燈光很亮，看得一清二楚」，「不像桃花鄉那樣感覺比較粗、比較亂」。但一位體型肥胖、在異性戀性愛市場中相當不討喜的團員阿亮說出了他的不適感：「客人壓力很大，因為你是在看她沒錯，但同時間有更多眼睛在看你。」

阿亮的說法凸顯了一個弔詭的現象，小姐明明是擺著被看、被挑選的，但客人走過小姐面前，在看著她們的同時，卻得面對她們一雙雙明眸大眼的反向凝視。（客人）看與（小姐）被看的關係瞬間逆轉，小姐帶笑的眼睛看似甜美，卻又彷彿逼問著：「你要選我嗎？我如此年輕貌美，你呢？你是誰，有資格選我嗎？」經濟相對弱勢，體型外貌也不占優勢的台灣男性，在這個高檔次的酒店，和現場穿著時尚的白人

以及港澳多金男性相比，平常用來支撐男性認同與權力象徵的元素，都屈居下風。還好半小時之後，男人可以回到自己的包廂，不用再被小姐帶笑的眼神苦苦相逼。

男性的愛情勞務

　　買春團成員究竟想在跨國之旅中獲得什麼？我發現，35歲以下的年輕族群，比較傾向於追求性慾的滿足，同時也談到嘗試各種新奇的性實踐，盡可能和各種女人性交等說法。比較令我驚訝的是，已婚中年男性經常表示「想要享受一下談戀愛」的感覺。國外的性消費者研究也不乏強調常客對小姐發展出近似「女朋友」的感受，但直白地說出希望在性交易中「享受談戀愛的感覺」，則幾乎刷新了這類研究的文獻。

　　已婚的買春客想要談戀愛，大多因為認為自己的婚姻已如一攤死水，毫無生機，於是跨海到中國找小姐，成為感受「戀愛 fu」的好方法。而且，這種可以「好好放鬆」的感受絕不是在台灣某地的性消費可堪比擬的。「有誰敢在台灣摟著另一個女人，公開在街上走？誰敢啊？但這裡就可以。」是的，不只是性被商品化，在這裡親密關係也被商品化了，而且，他們強調的是一種可以公開展示、公開可見的戀情。有趣的是，為了感受談戀愛的 fu，小姐和男客都必須積極投入做愛情（doing love）的實踐。於是乎，我又在這跨國性交易空間中觀察到一些出人意表的異性戀性別展演。

女性的愛情展演

　　小姐，作為性工作者，照理說應服侍男客，但事實上常常是男人在服侍小姐。他們經常以「老公」、「老婆」或男

女朋友的方式相稱，在這類親密的異性戀符號系統中，作為男友／老公的男客，理應照顧作為女友／老婆的小姐，於是雙方開始操演一系列性別化的戀人實踐：男人扶她上車、幫她挾菜、陪她唱情歌、找話題聊天、喝交杯酒、付餐費、送她禮物；女人則勸他不要喝太多、偶爾撒撒嬌，不時扮演小鳥依人的嬌弱模樣。

這些愛的展演與實作究竟是不是愛情，經常是學者爭論的重點。有人認為男女都是清醒的，交易才是真實的，愛情不過是體面的說詞；有人認為主體是在操演和實作過程中建立起來的，因而不能說這是假的。我的受訪者中，自認為「暈船」、「沉船」的大有人在。例如回台後，透過 QQ 連繫還不夠，光是國際電話一個月就打了兩萬多元，而每隔一、兩個月就回去「探親」一趟的更是大有人在。有的怕朋友笑他們「暈船」，變成隻身前往中國。但也有經驗老到的人，能清楚切割性交易玩樂與親密愛情的界線，也因此確立了他們在買春團中受人效法與崇拜的地位。這些男人早晚會從甜蜜的戀情中醒來，而清醒的原因也相當一致：一旦涉及現實世界的金錢或物質，也就是這些關係面臨瓦解的時刻。老鳥總會告誡新手：「那些大陸妹就是死要錢啦，不榨乾你才怪！」而老鳥的告誡，往往也混雜了多年來台灣主流社會對「大陸妹」的歧視與偏見。

▋ 性／國族千千結

身為支持性工作權的女性主義者，做這個研究的過程是高度矛盾的。我在跟團或研究的過程中，經常能看到不同階級男性的真實慾望。另一方面，我也對於他們不時以種族主義式的言論評論「大陸妹」，或抱著「花錢是大爺」的心態感到不滿。事實上，我們今天看待中國／女性／性工作者的

方式，也曾經是第一世界先進國家看待台灣／女性／性工作者的方式。

　　早在 1960 年代，台灣就是美軍性觀光的天堂。2002 年，日本出版社印行《極樂台灣》而引起國人同仇敵愾的集體國族記憶，相信大家也記憶猶新。攤在眼前的歷史，逼我們思考性、性別、國族政治高度交織的課題：何以本國女人為他國遊客提供性服務賺進外匯時，被看成是國族的恥辱，而本國男性前往他國買春，卻鮮少受到討論，甚或被默許？另外，我們也該開始設想跨國性消費者的性倫理，建立尊重異國性工作者的消費環境，以減低性工作者遭物化的程度，或避免不當放大性消費者的權力。

第三部　勞碌人生

階級凝視下的魯蛇人生

王宏仁 中山大學社會系

這種階級凝視的暴力,在每個領域不斷發威,司法的、社工的、教育的、職場的、藝術的⋯⋯

　　每到了畢業季節,人生勝利組的校長或老師就會告誡社會新鮮人:沒有不景氣,只有不爭氣!台大李嗣涔校長還說:沒有那個實力,領 22K 都還嫌太多!面對這些人生勝利組的指責,社會上絕大多數的魯蛇(台灣有超過 25% 的勞動者只領 19K 的基本工資),也只能含淚默默吞下。

　　檢察官跟法官,當然是台灣社會裡的人生勝利組,成大

class

的王金壽演講時提到，司法界的性別意識很落伍。此外，台灣的司法體系雖然越來越獨立，但是個別法官、檢察官的程度差異很大，民眾進入訴訟之後，只能祈求上天多保佑！那麼這些人生勝利組的法官、檢察官，在進行司法審查時，是否真如他們在大學的法律訓練所強調的，是遮住雙眼不帶偏見的正義女神，還是也戴著特定色彩的眼鏡來看待案子？

從社會學的角度來看，法官也是人，他們的許多思考模式一樣受到台灣社會主流思考的影響，社會上的性別歧視、種族歧視（例如台南市的檢察官黃朝貴的發言「台北車站被外勞占領了」），也一樣會出現在他們辦案的過程。就我的觀察，從目前的司法體系到一般的社會體系，最令人擔心且一般人很少意識到的，就是「階級凝視的暴力」。這樣的暴力複製了台灣既有的意識型態，打扁了眾多魯蛇的人生，也同時維繫了既有優勢階級的統治。

眾法官的孝道觀

一位領有殘障手冊的 56 歲男子連崇凱，照顧中風、失智的父親長達十多年。原本的家庭孝道分工安排是由他照顧父親，而他大哥負責賺錢，每個月給連崇凱一萬多元，當作父子兩人的生活費用。如果加上政府每個月補貼的四千元，大概足夠父子兩人生活。

但是 2010 年四月，他的父親病情加重而送醫治療，同期間大哥也失業，無法繼續供應每個月一萬元的生活費，而僅剩的四千元根本無法維持父子兩人的生計。在擔心經濟斷炊的壓力下，他決定用枕頭悶死父親再自殺。他的殺人行動被護士及時發現而沒成功，但也因為如此，被檢察官以殺害直系親屬的罪名提起公訴，求處 16 年徒刑。

各位如果是法官的話，會怎麼判？

第一審法官說他「情有可原」，以「未遂」、「犯案時酒醉精神障礙」判刑 3 年 9 個月。第二審跟第三審卻說，兒子照顧父親是「法律上的義務」，也是盡孝道的本分，豈可因壓力或經濟困窘，藉酒殺父，所以加重改判為 12 年徒刑，並且定讞。

二、三審的判決理由，其實跟鄉民的判決沒什麼差別。上課時，我問了大一從未受過社會科學訓練的同學，如果他們是法官，要怎麼判？大概一半的同學採「情有可原」的立場，另外比一半稍多一點的同學則採「孝順是法律義務」、「盡孝道是本分」的觀點。

子女盡孝道不需要物質基礎嗎？

這個案件，跟女性主義者當年關心的鄧如雯殺夫案，是不是很類似？兩人都是長期處於精神壓力狀態下，因為某個時機點的變化而引爆殺父、殺夫的念頭？那麼為何鄧如雯殺夫的案子引起婦女團體巨大迴響，最後以輕判並且制定家暴法作結，但是連崇凱的案子經過這麼久，卻幾乎沒有看到討論？

因為連崇凱的社會屬性類別，不是女性，不是族群，是階級，而台灣社會對於階級的敏感度幾乎是零。為何連崇凱案屬於階級問題？因為要能夠盡到法官口中的那種孝道，需要社會基礎，特別是經濟基礎。

不食人間煙火的法官，應該從來不知道什麼叫挨餓，也沒有經歷過斷糧的焦慮吧！法官或檢察官一個月的薪水十數萬，家中若有人需要全天候照顧，經濟上不會有任何困難（例如花得起一個月花 2-3 萬元請外籍看護）。但是一個月只有 4,000 元收入的人，有什麼辦法繼續維持兩個人的生存？問了舉手要判刑 12 年的同學，他們如果是連崇凱的話，少

了大哥支持的一萬元，可以怎麼生活？有人回答「去賣愛心筆」。可是連崇凱住在鄉下，去哪裡賣會有人支持？有人回答「去賣愛心彩券」，那麼他出去賣彩券時，誰來照顧他父親？有人回答「去乞討」、「去找社會局」、「把父親偷偷丟在警察局門口」。

請問這些判人重刑的法官，如果你們處於連崇凱的處境，你們會有什麼辦法？

這個就是我所謂「階級凝視的暴力」，這群握有權力的優勢階級者，習慣以養尊處優的經驗來評斷無權勢者的行為：不盡（優勢階級定義的）孝道，那我們就以社會規範或法律來懲罰你。在這裡，「盡孝道」的法律不僅是維繫統治階級的優勢位置，將那些無法盡孝道的人排除在優勢階級之外，更成為懲治違反我群規範與道德的暴力武器。

階級跟其他社會屬性類別的差異

那麼，階級與性別、性傾向、種族等其他屬性的社會類別，有何差異？我們如果把一個社會畫成金字塔形狀，多數

人會占據社會的魯蛇位置，只有少數人才是人生勝利組。這
個社會階級的劃分圖形如下圖：

　● 人生勝利組

　　魯蛇組

　而在一個性別平等的社會，這個金字塔圖形會如下圖，
男女各占據半邊。

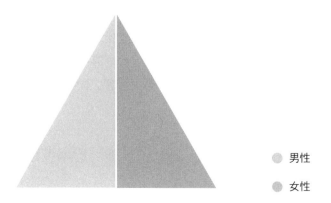

　● 男性

　● 女性

但實際的圖形是下圖，占據人生勝利組的女性比男性少很多，多數女性是處在魯蛇的位置。

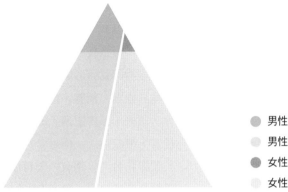

● 男性人生勝利組
○ 男性魯蛇組
● 女性人生勝利組
○ 女性魯蛇組

　　同樣，我們也可以畫出種族分配的圖形如下圖。一樣都是人，為何多數的原住民就是屬於魯蛇族？

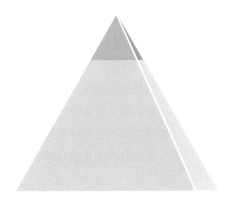

● 漢族人生勝利組
○ 漢族魯蛇組
● 原住民人生勝利組
○ 原住民魯蛇組

運用相同的概念，我們也可以畫出性傾向、宗教的分配圖形。大家可以看到，除了階級圖形，其他社會屬性所畫出來的線，都是垂直的，只有階級所劃分的社會是水平的，因此，我們比較容易察覺其他社會屬性的歧視，但是對於所得分配不均而劃分出的社會階級，卻常常覺得理所當然。

　　雖然種族、性別的文化歧視，有時候跟階級歧視一樣隱而不彰，但是歧視的運作方式卻有所差異。階級歧視經常與自由經濟的意識形態結合，而且被視為理所當然，甚至多所鼓勵。性別、種族、宗教、性傾向可能是與生俱來的社會屬性，比較不易經由個人的努力而改變，例如從女變男，或者從黑人變成白人。但是多數人或主流意識形態卻認為，一個人只要夠努力，總有一天可以出人頭地、階級翻轉，爬上階級的金字塔頂端。爬不上去的魯蛇，當然就會被唾棄。

　　而社會唾棄魯蛇的方式，通常是以隱晦的方式進行。

進屋前，先在門口檢查你的階級地位

　　前幾週我們去台中的自然科學博物館參觀，拿票進場時看到門口掛著一個大大的警告標語：「穿汗衫、拖鞋禁止入館」。這樣的禁止標語非常常見，中山大學的行政大樓或走廊就貼著類似的宣傳海報：尊重他人，請勿穿拖鞋進入辦公大樓。

　　我們好奇的是，為何穿拖鞋跟看科學展覽或進入辦公大樓辦事有關？我在澳洲念書時，夏日溫度高達 38、39℃，大多數老師跟學生都穿著短褲、涼鞋、海灘鞋或藍白拖四處走動，從來沒有人覺得這是不尊重他人，更不用說不准進入博物館了。

　　這樣的規定其實就是一種階級凝視的暴力，因為這預設了這樣穿著的人不夠資格進入我的「神聖殿堂」。在台灣，

我們通常會預設哪些人是如此穿著？大家心知肚明，就是做黑手的勞工階級。要進入博物館參觀的人，必須符合主流意識形態（且是上流文化）規定的樣子：乾淨、整齊、有教養。

過去歷史課本上說，清末的上海租借公園門口告示牌寫著：禁止狗與中國人進入。這樣的國族主義故事，就是要激起大家對於種族歧視的憤怒。但是為何一個國家官方的博物館機構，卻可以如此明目張膽地階級歧視，卻沒有人覺得有問題呢？因為這執行的是優勢階級的意識形態檢查，而此意識形態是大家認可的。

魯蛇需團結，團結才有力

台灣社會太習慣於競爭了，從小到大都在設定好的考試競爭中度過，大學畢業後，在職場一樣要競爭，因此對於任何競爭式的思考模式，幾乎照單全收。最公平的考試就是用統一版本，全國考一樣的題目，有標準的答案，考輸了，就是不用功，魯蛇你就認命吧。換另外一種說法：你的素質只配這樣的學校＝你的素質只配這樣的 22K 薪水。

會講這樣子話的人，一般都是人生勝利組，對魯蛇所經歷的痛苦無感，只會以主流的、支配階級的意識形態來看待魯蛇人生。這種階級凝視的暴力，在每個領域不斷發威，司法的、社工的、教育的、職場的、藝術的……就如此文所舉的例子，即使是法官或社工人員，也一樣帶著階級的偏見去判斷，就如他們也會帶著性別、種族、性傾向的眼光去判斷許多事情。

如何粉碎這種階級凝視的暴力？先嘗試用「非競爭性」的方式來思考如何行動，才有可能產生另類行動的力量。一如工會運動的歷史，資本家就是分化、分化、再分化工人，讓工人無法發揮集體的力量來對抗不合理的勞資關係。工人

運動的回應也只有一個：團結、團結、再團結。只有魯蛇團結起來，發展自己的力量與論述，才有可能粉碎那些人生勝利組的階級歧視。

曾嬿芬 台灣大學社會系

低工資與台灣人才流失的困境

「他們被剝奪了太多年少歲月，對我而言，這是被迫賣命辛勞的悲慘歲月。我不認為青少年所感受的悲慘會比成人少。」

　　英國作家兼軍人「阿拉伯勞倫斯」，在回顧中學時期為了進大學而拚命準備會考的歲月時，發出了如上感慨。

　　但這個為青少年時期發出悲嘆的人，不是好逸惡勞的人，他反而樂於挑戰自我體力和意志力，橫越了連當地人都認為不可能穿越的內夫德沙漠。勞倫斯相當熱中於學習，但

salary

就連他這樣一位熱愛學習的人，都厭惡中學會考，遑論那些為了應付大學考試而被迫學習某些制式知識的人。

不到一顆滷蛋的薪資調幅

　　不管台灣學生對於以拚大學為導向的主流知識是否感興趣，他們普遍相當勤奮，平均學業成就很高，在國際學業評比各項測量中經常名列前茅。[1] 由於數學和閱讀的前五名都是亞洲國家，《經濟學人》將之歸因於亞洲人勤奮的特性。這樣的成就也顯示，不論上的是哪些大學，我們的教育體系

受僱員工平均經常性薪資年增率及經濟成長率比較圖

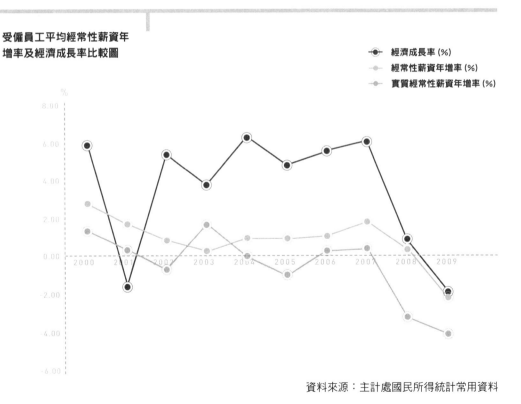

- ●—— 經濟成長率 (%)
- ●—— 經常性薪資年增率 (%)
- ●—— 實質經常性薪資年增率 (%)

資料來源：主計處國民所得統計常用資料

尚可培養出世界上最好的人力素質。

　　但是，我們的經濟體系和勞動力市場，用什麼來回報這樣優異的人力？眾所周知，台灣薪資水準已經和經濟成長脫鉤，過去十二年來，平均經濟成長率為 4%，但基本薪資卻文風不動。由左圖的年度曲線變化可以看到，經濟好的時候企業不加薪，經濟一不景氣，薪資卻立即滑落。

　　2012 年，官方終於主導了基本工資審議委員會，要討論薪資調幅。然而在資方的強勢壓力之下，基本工資僅略為調整 1.42%（267 元），這樣的調幅相當於一天還加不到一顆滷蛋！

　　台灣的就業市場究竟出了什麼問題，何以容許工資長期與經濟成長脫鉤？企業為了獲取利益而壓低成本，但低工資對於企業和整體經濟是否真的有利？倘若高教育水準以及優秀的人才無法促動薪資調漲，還有其他途徑嗎？

企業及大學領導者所營造的社會氣氛

　　受到這種趨勢影響最大的是年輕人，而且平均年所得一路下滑。[2] 經濟學家通常認為，市場機制會在長期達到平衡，但面對十數年長期低迷到不合理的薪資結構，有些經濟學家已經失去了耐心，不再指望單靠勞動力市場運作就可以給予授薪者合理的工資，因而轉而呼籲政府以政策為薪資大眾爭取應得的薪水。

　　這幾年的考生，就是在過去十數年薪資低落的經濟氛圍中長大，多數人並沒有氣餒，可能還更加努力，希望進入好大學，以便日後賺取更高的薪資。但這些大學主其事者是否珍惜這樣的人才？2011 年，正當社會對於大學生起薪降到十年來的低點 22K，因而對企業給薪水準提出普遍質疑時，當時的台大校長李嗣涔卻寫了一封給台大畢業生的信，要同

學踏入社會選擇工作時，不該只看薪水。這封信引起輿論譁然，不料當時的教育部長吳清基也即刻大力呼應，並要學生自我檢討、多加強專業教育並培養工作態度，還要建立國際觀等。過了幾年，主其事者換了人，討好雇主的言論依舊沒有改變。2013 年台大新生入學典禮結束後，媒體詢問當時台大新任校長楊泮池有關大學畢業生薪資過低的問題，楊校長顯然也完全服膺於市場機制。他表示，假如能力好，即使進職場的起薪低，也不用太在意，因為很快薪水就會上來。他還怕大家不懂他的意思，又追加一句：「如果沒有能力，22K 都太高。」

台灣年輕人的出埃及記

22K 太高嗎？這些甫踏入社會拿低工資的新鮮人，果真是因為能力不好嗎？

2012 年商業週刊一篇報導〈22K 逼走台灣高材生〉，獵人才公司主管晉麗明的觀察值得在此轉述：

> 幫企業找人才時，一開始老闆都很有氣魄地說，薪資福利無上限，找到對的人最重要。等找到人了，老闆就會說：「跟他說，請他共體時艱，薪水能不能降一點？」
> （略）
> 「但是人家都還不認識你，也不是你栽培多年的老員工，叫人家怎麼共體時艱？」

「他們只是想找人力，不是找人才。」這位獵人才主管對台灣雇主提出了一針見血的看法。當雇主在乎的只有人力，社會氣氛又一面倒地支持企業，這些企業主便樂得搭乘22K 和低迷工資調幅的順風船，獲取最低的人力成本，並任

由最具競爭力的人才往外尋找出路。事實上,台灣的年輕人也已經大量出走到別的國家工作,而且人力資本越高的人越可能出走。根據「經濟合作暨發展組織」最新的一項調查,台灣人外移的人口中,大專畢業生的比率是六成,比率世界第一,比大家熟知的印度高技能人才外移的情況更嚴重(印度是五成)。

啟動遷移的動機通常可分為推力和拉力。如果原居地沒有適當的工作就只好外移,這時推力大於拉力;如果原居地有適當工作,但外國提供更好的條件,這時遷移的動機主要就是拉力。根據我的研究,到中國工作的台灣人之中,有越來越多人是受到推力影響而非拉力作用。過去,台灣遷移到中國的工作者是以專業的中產階級為主,那些在台灣原本工作條件不錯、想到中國爭取更大發揮空間的中年資深工作者,通常是懷抱著更上一層樓的企圖心而遷移到中國。

然而,近年來,遷移者出現了新的類型,那就是資歷尚淺甚至剛畢業的年輕人,在台灣薪資水準低迷以及就業市場的局限下,便以中國工作市場為試金石。還有一些是從歐美國家取得學位之後,想直接回亞洲工作,第一站首選幾乎都是中國。他們到中國工作受推力的影響大於拉力,因為回台灣仍然面臨低薪的就業市場,留學的邊際效益非常有限。

低薪資對於經濟發展的破壞效果

一面倒向企業和雇主的言論,以及普遍低迷的薪資水準,對企業和雇主可能會有短期利益,長期來看卻是災難一場。美國人力資源公司「萬寶華」針對企業徵才困難度進行調查,目前亞洲地區台灣企業徵才困難度已僅次於日本。發生了什麼事?

在台灣有志難伸的人,許多都去了中國。根據中國 2010

年的普查資料，台灣在大上海地區（包括昆山）已有七十萬人。中國對於台灣移居者採取越來越鼓勵與整合的政策，目前台灣人往來、長期居留、就業、就學幾乎沒有太多障礙，促使台灣人將尋找工作的範圍擴張到中國（曾嬿芬、吳介民，2010）。就這樣，台灣教育體系培養出的人才白白送給中國，中國可說不花半毛錢就取得全球最好的人力資源。

台灣主政者對此有什麼對策？2011 年馬總統認為台灣人才流失已成為國安問題，指示國安會委託數所大學及智庫組成專案小組，研究台灣人才赤字問題。然而，馬總統聽取研究報告之後所召開的會議，強調的焦點全都集中在科研人才，卻不見針對大量中產專業外流現象的討論和對策。

人力持續外流對台灣企業已經造成壓力，台灣的歐洲商會最近一項調查報告〈2014 台灣薪資與就業預估〉指出，受到中國的磁吸效應，有四成企業認為台灣今年仍將面臨專業人才短缺的情況，其中薪資偏低是台灣人才外流的主因。在這項報告中，台灣歐洲商會呼籲台灣政府與企業正視低薪對經濟造成的毀壞性效果。

目前美國也面臨資本利得與勞動所得比例越來越不均衡的情況，許多經濟學家紛紛指出，市場機制無法挽救這樣的失衡。諾貝爾經濟學獎得主暨普林斯頓大學經濟學教授克魯曼（Paul Robin Krugman）綜合許多研究指出：「讓更多小孩接受大學教育，以恢復往日中產社會，這種看法其實是一廂情願。大學學歷已經不再是獲得好工作的保證，以後更是如此。」他更撰文指出：

如果我們想創造出由全員共享繁榮的社會，教育並不是答案。我們必須直接著手打造這種社會，必須重振勞工過去三十年來逐漸失去的集體談判權，讓一般勞工與超級明星同樣享有談判權力，為自己爭取良好待遇……不要以為把勞工送入大學接受教育，這樣的社會就會自然

成形。大學教育已經不保證可以獲得中產階級薪水的工作，甚至不保證一定有工作。（Degrees and Dollars, 2011）

當經濟學家呼籲要靠公民社會的力量，來扭轉一面倒的經濟分配，著眼點不只是社會正義，同時也是立基於經濟考量。在總體經濟上，經濟不平等的現象會削弱總體需求，不利於經濟景氣；在個體動機上，一個日益不平等的社會，也會削減一般人努力的意願。美國經濟復甦的大餅幾乎集中在1%的富人身上，針對這樣的現象，克魯曼提出的警告是：「在這個社會裡，要拚就會贏的理想和少數人壟斷經濟果實的現實，兩者之間的鴻溝讓人產生深深的挫敗感。」另一位諾貝爾經濟學獎得主史迪格里茲（Joseph Stiglitz）在近作〈不公平的代價〉中更指出，分配不均導致經濟體系不穩定，這樣的社會掉入向下沉淪的惡性循環中。

誰能阻止這樣的惡性循環？答案很難是個別企業。台灣目前的趨勢已經證明了，企業為了最大化自身利益，壓低工資，犧牲多數人的利益，結果是重創愛拚才會贏的動力，並造成大量人力流失的局面。倘若政府沒有主動介入，扭轉不合理的薪資趨勢，最後破壞的會是台灣整體經濟。

**從台灣到上海工作，
我的故事**

張敏敏
上海金石盟設計部經理

我是台灣人，受過高等教育，包括復興商工三年沒日沒夜的訓練，以及台灣科技大學商設系和研究所六年戮力以赴的學習。大學常拿第一名，研究所入學榜首，也拿過院傑出青年、校傑出青年，代表台科大參選總統獎等。曾經為了一份作業八天沒睡，更曾為了拚論文而昏倒，付出了多年的努力。

畢業時，我懷著滿腹理想，興奮又期待地在台北一家設計公司展開人生第一份正式工作。當時的工作量負荷極為繁重，每天要獨立完成專案，而設計案件的性質又包羅萬象，中午甚至得一邊吃飯一邊工作。然而我觀察同事，中午竟沒有人休息，每個人都是超人，不會餓、不會累、不需休息，就像一群高轉速的機器人。

我成了公司最晚到和最早走的員工。但事實上，我每日的工作時數已達十三小時。公司沒有過濾客戶的模式，什麼案子都接，什麼客戶都有。如果公司秉持的目標是賺錢至上，自動棄守對美感和創意的要求，再糟糕的案子都願意接，那麼我們作為設計師的專業價值便無從發揮，淪為毫無創意和思考能力的廉價勞工。我每天下班時都感到筋疲力竭，擠著捷運看著熙來攘往上班族苦澀的臉。回到家只剩下洗澡和睡覺，根本沒機會跟家人好好聊天，隔天一早又要起身奮戰。我失去了生活品質，但每日仍咬著牙自勉：「我是社會新鮮人，吃苦當吃補，加油！」

工作一週之後，經理把我叫去：「妳是本公司薪資和學歷最高的，我請妳來是為了增加內部競爭力，電電他們，結果卻讓其他同事變得怠惰。很抱歉，我們好聚好散吧。」在毫無心理準備之下，我被炒魷魚了！我接到這晴天霹靂的消息，不但深感挫折，內心更是委屈。34K的月薪，每日十三小時忍辱負重地工作，仍被嫌貴辭退。一直以來，我都是個再苦也不會輕言提出離開的人，卻沒想到是公司要打發我走，我感到無比迷惘與難過。

但我仍勉強打起精神，重新開始找工作。當時已過了招聘熱潮，我一日日投遞履歷，一日日等待，也到不少公司面試。然而，多數老闆要的不是學歷或專業，而是一個22K的員工，甚至許多面試者也只開出22K的薪資，因此我屢屢挫折。當時我心情跌落谷底。「難道沒人看見我的才華嗎？只想在台灣業界做個健康快樂、有質感的設計師，那麼困難嗎？」我感到有志難伸，卻又不甘屈服於大環境。

我實在無法忍受不合理的事情就這樣被合理化，台灣的職場生態已經病了，而且病得不輕。當時，台灣上了CNN的報導，指出台灣企業的競爭力，竟來自生產力高、薪資過低、工時又過長的台灣勞工。我看得心酸，勞工貢獻如此之大，政府又為了勞工爭取了什麼？薪資嚴重壓縮，別說存錢買房、賺錢養家，一般人連三餐溫飽都快成問題。台灣的職場環境令我十分沮喪。當時我在網路上看到吹捧22K的文章，內心覺得他們已經被媒體和業界龍頭洗腦洗到失去理智。

一天，我接到獵人頭公司的來電，相約台北面試。當時我在顧問的冊子中看見很多人被刪除，而我也想盡辦法在最短時間內展現我的各項能力。最後通知，我是唯一被選中去上海面試的設計師，公司也願意提供機票和住宿。

到了上海，與老闆和總經理面試、兩次上機考試與發表之後，CEO與總經理便直接宣布我錄取了！當時是下午五點半，全公司好安靜，因為員工都相當準時下班，這是我觀察到該公司生態健康的其中一點。而上海這間公司，也是我面試過那麼多公司之後，最想去的一間。

於是我就這樣離開台灣，獨自到上海工作。我也真心喜歡這份工作。

一晃眼兩年了，今年的我廿六歲，現職上海和澳洲珠寶品牌的設計經理，年收入百萬，可以有自己的積蓄和人生計畫。至於生活，每天有

一個半小時的午休時間，準時五點半下班。上班時的專業發揮、下班後的生活品質都顧到了。週休二日，一年四十天以上有薪假、四張來回機票，外加多張節日機票和假期，住在公司付費的酒店式公寓。一般從台灣來上海的上班族，薪水也是台灣的一·五倍起跳，隨後就看個人發展。工作時認真工作，該休息就好好休息。我們是人，不是奴隸更不是機器。

當然每件事情都有多面，異地工作有許多酸甜苦辣，也別具滋味。在這貌似社會主義實質卻是資本主義的無神論國度，我工作、體驗、思考，夾雜著對家的想念。真實的異鄉生活，許多人事物已經超越我的想像和認知，在文化差異中，學著了解別人、認識自己，並反芻著我從小擁有的信仰。我愛台灣文化、台灣美食、台灣人民的熱情和腳踏實地，卻一點也不認同台灣惡劣和剝削的工作生態。台灣並非沒有人才，只是沒有舞台。

注1：以「經濟合作暨發展組織）（OECD）公布2012年的國際學業評比分數PISA（program for international student assessment）來看，台灣15歲學童數學平均分數在65個國家之中排名第4，閱讀能力排名第7（從2006年的第16名巨幅上升）。

注2：根據主計處公布的統計，2013年上半年的所得，除了65歲以上的收入持續增加，其餘年齡層的所得均下滑，其中，30-34歲所得收入者，平均年所得約58萬元；40-44歲所得收入者平均年所得約71萬元，均不如16年前（1997年）的水準。

林文源　清華大學通識中心

台灣為何沒人才？

人才危機的體制與文化根源

當前的人才危機根源，反而是在於研究者與學生都太努力去迎合體制所發展出的研發實作文化。

近年台灣面對經濟衰退，各界對政策失靈、台灣競爭力、科技產業轉型的檢討與呼籲不絕於耳，其中，高等教育畢業生的「人才危機」更受到矚目，越來越多企業哀嘆招不到足夠優秀的新進人員。然而，這絕對不只是學生的問題，也不只是經濟、產業或科技界的問題。這是高等教育與整個台灣社會都出現了重大缺陷。

crisis

台灣沒人才？

　　2012 年行政院國家科學委員會召開「科學技術諮議會議」，診斷台灣科技產業衰退問題。儘管社會輿論頻頻指出產業結構、政策和學術制度等缺失，但與會眾人提出的觀點卻多集中在人力問題。

　　當時國科會主委指出，人才流失的主要因素有四：出國留學人數變少、來台的外籍人士多為藍領勞工、台灣國際化的程度不如新加坡等國，以及人才外流。政務委員認為，台灣當前培育出的人才高不成低不就，三、五年後就會變成三流國家，因此必須改革技職教育，縮小學、訓、用的落差。某科技大廠的董事長說，台灣不缺台清交成的碩博士生，也不缺基層人才，但缺乏「有創意、會創新」的中階人才，更缺少把科技轉換為經濟價值的人才。總統也親上火線，提出開放境外學生就業等想法。最後，經建會提出了五大亮點方案：放寬移民限制、技職教育產學合作、外國大學來台設校，以及規劃實務導向的碩士訓練。

把人才變人力的訓練體制

　　台灣缺乏有創意、能創造經濟價值的人才，但與其把責任歸咎於學生個人，本文更在意的是培養出這些學生的科技教育體制。在目前高度分工的科技訓練環境與研究壓力下，大學普遍存在一種以論文生產為導向、確保產出的穩定，以及高效率的研發機制，這是理工學生必經的訓練過程。

　　這機制包含三個主要面向：首先，是**論文導向的規範與回饋**。近年來，學界急速建立起以短期內國際論文產出來進行評估的制度，並以此作為分配研究資源的依據。例如在廿一世紀初開始的五年五百億計畫，以及要求大學提升論文產

量以提高世界排名。這種壓力與誘因，由學校、研究團隊，到研究者，再到學生，一層層傳遞下來，每個人都承受論文產出與資源競爭的壓力。

為了投稿國際期刊，這些論文較少探討本地問題，使研發訓練無法與在地產業接軌（當然，廠商也缺乏企圖心與投資）。為了追求短期績效，研究不注重長期的累積效益，於是大學老師普遍出現「重研究、輕教學」的偏差現象。這或許說明了為何台灣論文產量年年升高，人才產出卻節節下降。

其次，是**確保產出的研發安排**。研究要有持續累積才可能出現進展，但是努力不一定能確保產出。在短期績效的壓力下，研究團隊在設定產出目標時通常相當保守，一切都以確保產出為原則。這造成高度階層化的分工：大三、大四的專題生得協助碩士生，碩士生要負責處理執行計畫與實驗，博士班學生負責統整與指導碩士生進度，最後由實驗室主持人（大學老師）負責最後把關。

各層級參與者有不同考量。主持人關切專業發展與資源供應，在順利升等之前，必須步步為營，保守地維持資源與產出。博士班學生煩惱畢業問題，並肩負管理實驗室、計畫與研發進度。碩士生關心計畫與論文進度。最底層的大學生關心專題參與如何成為進研究所的門票。結果，對學生來說，訓練往往等同於做計畫。而理應引導學生研究、探索的過程，在計畫目標與進度要求下，被高度壓縮，剩下督促學生埋頭實作與產出成果的人力訓練。

最後，**這些實務安排也連結到團隊**。在這個大科學時代，科技研究越來越仰賴大量儀器與資源，研究者無法單打獨鬥，必須加入團隊。如此，年輕研究者必須建立自己的實驗室與研究基礎，並招募新成員加入以壯大團隊、拓展研究領域。然而，由於績效問題，既定團隊通常有特定的組合與發展方向，這也限縮新成員研發創新的潛力。

大學實驗室的「人才運用」

訪談整理 / 林文源

阿正是某大學實驗室的博士後研究員，自從他在該主持人的碩士、博士班畢業之後，已經在此實驗室擔任專題技術負責人數年。該實驗室主持人相當忙碌，校務行政、學術交流與國際出訪幾乎就占據了所有時間，至於實驗室每年經常執行的數個計畫，都仰賴幾位博士生與博士後研究員來管理。因此，阿正的主要工作幾乎等於實驗室主持人。

他每週的工作內容包括：與碩士和大學專題生開會、指導與檢查實驗進度，並根據這些進度撰寫研究進度報告、計畫申請或研究論文，再協同其他幾位博士生和博士後研究員，跟主持人開會報告進度。

阿正開玩笑地說，自己幾乎是地下主持人，至於真正的主持人，對自己手上的研究計畫、論文可能都沒有印象，甚至所指導的碩士生，可能都只有在畢業口試時才見得到面。在這種架構下，該實驗室論文發表驚人，也不斷成長。

阿正雖然感到有幸能參與這個團隊茁壯的過程，但他也有點擔心。因為他畢業後尋找教職工作屢遭困難，一方面，他原本認為自己所擅長的技術具有市場價值，因此想要創業。但在多次與產業界合作計畫的過程中，才發覺這些合作計畫並無意認真投資開發技術，更重要的是，自己在實驗室所受到的訓練主要是論文產出，不具備應用價值，再加上他也缺乏相關經驗，因此，他對創業毫無把握。另一方面，即使決定找工作，他也發現相較於過去碩士班同學畢業後在產業界將近十年的奮鬥經驗，自己的研究專長在產業界用處不大。

近年來，各界已經意識到這種研發機制實際上會阻礙創新研發，也提出了各種改革。國科會最新的嘗試是 2013 年的「自由型卓越學研試辦計畫」以及「百人拓荒計畫試辦方案」，企圖協助學校與研究團隊擺脫各式框架。教育部也在 2013 年根據「人才培育白皮書」，提出提升課程品質、擴大高教規模以及建立進退場機制，並鼓勵改變專業學院學制等方案。

不過研發機制與目標之間的矛盾並未解決。例如在多數研發補助上，團隊仍會在設定的研發主題下，以經常合作的團隊技術為基礎，再找來符合計畫宗旨的額外成員。在這不斷框架的過程中，多樣發展的可能性也會逐漸限縮。而在個

別研究者的層次，學術生涯仍是架構在論文導向的評判基礎上。因此，任何創新的機會，都在團隊特質、短期績效要求以及影響個人生涯的評估制度下，逐漸削減。

21世紀的跨領域人才需求

這些論文導向的規範、確保產出的務實安排、限縮變異性的團隊合作網絡，以及忽視這些機制的政策形成過程，形成了台灣特定的研發實作文化。從這種角度思考，人才危機並非研究者不用心，也不是學生一代不如一代，或是本地研究與訓練水準不佳。我們應該說，當前的人才危機根源，反而是在於研究者與學生都太努力去迎合體制所發展出的研發實作文化。

這些實作文化，在計畫申請、進度掌控、團隊討論、獎勵、評鑑、升等、畢業等過程中，不斷複製。這個過程除了強化惡質的生產體制，更限縮學生、學者與研發團隊發展前瞻性思考與創意的可能性。

這些文化與機制並非無中生有。這種埋頭磨練單一技術的訓練模式，與台灣長期以來電子科技產業發展的需求密切相關。以此訓練出的人力，成為加工出口區的電子加工基礎，也是科學園區資通訊代工產業的基礎。相較於此，當前的人才需求，則是「會創新、有創意」跨領域人才，能因應當前台灣面臨國際競爭與產業轉型的處境。這也是近年各國政府與產業界的密集需求，他們戮力於扶植品牌、推動開放式創新以及發展知識經濟。

這兩種模式的需求差異在於，前者為產品導向，需要的人力是能夠接受明確指令、迅速且有效率完成任務，以符合訂單所要求的產量與品質。在以競價、趕工以完成任務（訂單）的環境中，只須訓練學生單一專精能力，能明確完成指

示、迅速滿足產業立即需求即可。

　　後者的需求模式，則是能在近年產業轉型快速的環境下，擁有探詢趨勢的能力和想像，並具備汲取新技術與新思維的彈性，甚至能進一步創造趨勢的研發者。培育重點是創造未來，要有摸索和前瞻未知領域的能耐。學生要有專業技術，更要有超越專業的多元素養和跨領域能力。

如何跨出專業領域

　　台灣產業、科技研發，與人才培育正在轉型，若希望逐漸擺脫高耗能、高污染、高社會與高人力成本的代工產業，轉向創意經濟、前瞻研發，我們必須更認真思考這些體制、文化與自身的關連。

　　事實上，上述的機制，也以不同面貌對科技領域之外的研究者與學生發生作用。因此，人才變少的危機，不只是科技界的問題，也是整體高等教育體制的問題。當我們期望發展新產業模式時，不但要重新調整相關的教育與研發體制，打破學科壁壘與獨尊科技的安排，在人才培育上，更必須認真思考，如何在制度與實務上，逐漸落實推動結合多面向、跨領域知識與涵養的教育。

　　在這種方向下，培養跨領域人才的意義，不單是縮短「學、訓、用」的落差，或是拚經濟的單一價值。我們更需要積極正視創新科技與社會的多重可能性。相較於單一技術導向目標所訓練的人力，跨領域的人才或許較有機會貼近在地，創造更多元的科技模式，進而發展出獨尊科技與經濟發展所形塑的單一個人生涯、產業模式以及社會發展及其價值。也因此，人才危機不單是科技產業轉型問題，也是督促各領域專業積極參與跨領域合作的轉機，更是台灣社會轉型的契機。

如何協助轉變？各位別忘了，自己也是長期接受單一學科訓練的成品，我們或多或少也是複製這種體制與文化的參與者。建議各專業領域的有心人，無論是研究者或學生，可以走出自己專業的「巷仔內」，到其他領域的「巷仔口」看看，並想想自己可能可以如何發展跨領域合作。

　　當然，長期的努力，還是必須針對政策與產業體制，否則，以當前「免洗人才」廉價的拋棄式使用方式，再多的人才也不夠用。

搶人才，
新加坡憑什麼？

地緣價值、國家資本，
與階級化的社會結構

曾柏文　逢甲大學通識中心

talent

星國政府掌握各領域中最主要的企業體，更有能力規劃不同
職位的薪資級距，而非被動由市場決定。意識型態上，又強
調「有能力者得高薪」，壓低中低階級薪資，集中資源吸引
高階人才。

　　人才流失，是台灣媒體這幾年關注的焦點。憂心檢討的
報導中，總不免提到新加坡作為「成功組對照」。從 2012
年星國副總理尚達曼的「台灣人才流失論」，到吳寶春擬赴
新加坡讀書的新聞，媒體所呈現的新加坡，總不外「經濟蓬

勃、高薪攬才、政府行動積極、國際人才薈萃」的形象，以凸顯對台灣「經濟停滯、薪資走低，政府顢頇僵化、人才失血」的焦慮。

然而媒體對新加坡的「借鑑」，往往忽視星國吸引人才背後的結構因素，甚至所付出的社會代價，更無法讓大家持平思考所謂的「新加坡模式」到底是不是台灣能夠（或願意）複製的。本文將從新加坡的地緣位置、資本結構，社會階級三個面向，討論新加坡「憑什麼」吸引人才，並帶出對人才的定義、效益，與競逐代價的反省。

後冷戰的地緣價值

新加坡政府經常強調，自己是「毫無資源」的小島。這種說法一可激勵國民危機意識，二能凸顯政府之有為，但卻忽略了新加坡最重要的資源：位置。新加坡位於中南半島南端，扼守馬六甲海峽，在串連西方的印歐、遠東的中南半球與紐澳上，是最具效益的轉口港。

二次大戰後，冷戰封鎖影響到新加坡的轉口經濟，馬共與越戰也接連造成區域不穩定，一度局限新加坡的地理價值。不過冷戰體系瓦解後，重新擦亮了新加坡的地理價值。一方面，1990 年代全球化浪潮下洲際貿易增加，大幅提升新加坡轉口港的地位；二方面，東南亞經濟體量的崛起，也讓相對西化／現代化的新加坡，重新扮演起區域商業節點的角色。例如，鄰國浮現的許多新富不信任自己國家的金融機構，便會選擇將資產移轉到新加坡。而對於志在東南亞市場的跨國企業來說，新加坡交通便利、法治安定又通行英語，可說是最方便的據點。新加坡在 1990 年代後經濟之所以大幅提升，除了政府政策得宜，亦應歸因於後冷戰經濟地理結構的改變。

新加坡地理位置所帶來的價值（冷戰後）

馬六甲海峽

singapore

新加坡位於中南半島南端，扼守馬六甲海峽，是串連西方的印歐、遠東的中日，與南半球的紐澳，最具效益的轉口港。

台灣地理位置所帶來的價值（冷戰前）

taiwan

冷戰時期美國採取的戰略，是支持邊緣地帶的國家以圍堵蘇聯，避免與蘇聯直接發生大規模衝突，也設法讓國際秩序保持均勢，不能讓任何一國或一集團主導國際秩序。在亞太地區，美國得確保日本、琉球、台灣、菲律賓島弧的完整，一旦中國向蘇聯靠攏，還可作為西太平洋的安全防線。

反觀台灣，冷戰結束帶來相反的經濟效果。台灣戰後經濟發展的一個外部因素正是位於冷戰前線的戰略價值。戰後初期的美援，與後來台美的策略貿易，多少都反映美國鞏固戰略堡壘的意圖。冷戰結束後，這種戰略意義即便沒有完全消失，也已弱化。相對而言，逐步開放的中國以廉價勞力與龐大市場，對台灣產業形成巨大的磁吸效應，逐步掏空台灣產業。1990 年代台灣也曾編織「亞太營運中心」夢想，企圖扮演起西方企業經略中國的基地。但美夢終究不敵兩岸對峙下產生的種種不信任，連作為基本條件的通航，都遲至 2008 年才實現，早錯過歷史窗口。

　　簡言之，冷戰結束重新凸顯了新加坡的地理價值，鞏固新加坡在洲際貿易與區域經濟中的重要性，卻把台灣在國際製造分工上的地位擠到邊緣。經濟地理結構造成兩地經濟活力的差異，也造就對某些人才流動的結構誘因。

國家資本的手

　　星台兩地另一個關鍵差異，在於經濟體系背後的資本結構。相對於高度仰賴私人資本的台灣，新加坡的產業經濟，主要由「外資」跟「國家資本」主導。對殖民脈絡下崛起的

淡馬錫控股掌控的知名企業

＋交通：新加坡地鐵公司（SMRT）、新加坡航空（Singapore Airline）
＋航運：港務集團（PSA International）、新加坡東方海皇集團（Neptune Orient Lines）、吉寶航運公司（Keppel Offshore & Marine）
＋通訊：新加坡電信（SingTel）
＋能源：新加坡電力公司（Singapore Power）
＋金融：星展銀行（DBS）
＋媒體：新傳媒（MediaCorp）
＋科技：新加坡科技（Singapore Technologies）

talent

星國來說，外資的重要性無需贅言，而國家資本更是形塑國家經濟的主力。例如，有八成以上國民居住在政府建屋發展局興建的組屋，土地開發利益也多歸國有。而由政府全資擁有的淡馬錫控股（Temasek Holdings），更掌握了新加坡各關鍵領域最主要的企業。

新加坡股票市價分配圖

淡馬錫控股所持有的股票市價佔到整個新加坡股票市場的 47%，可以說是幾乎主宰了新加坡的經濟命脈。

這些「政聯企業」在法律上是私人企業，但國家仍可透過資本供給、董事會人事與法令等工具，影響公司營運。某種意義上，新加坡實現了孫文主張的「節制私人資本、發達國家資本」。相對於台灣近年臣服於私人資本邏輯，容許財團竊國，新加坡的「國家資本主義」保障政府（作為公法人）對各種經濟產業的掌握，不致全然淪於私人逐利之器。

由於資本集中在國家手中，當政策上認定需要特定人才，新加坡政府便有豐沛資源創造誘因。相對而言，台灣政

府預算緊缺，揮灑空間受限，追逐私利的民間企業也罕能把為國舉才當成重點。

由於星國政府掌握各領域中最主要的企業體，更有能力規劃不同職位的薪資級距，而非被動由市場決定。意識型態上，又強調「有能力者得高薪」，壓低中低階級薪資，集中資源吸引高階人才。陡峭的薪資級距下，星國吉尼指數（所得不平等的指標）高達 0.481，不僅高於國際上通用的警戒線 0.4，更遠高於台灣的 0.342。

台灣的國家資本

國府來台時，曾從日殖政府手中接收大量土地財產，也讓某些原有公營事業在台復辦。戰後，又因應不同時期經濟需求，成立若干新事業體。台灣的經濟發展史上，國家資本也曾扮演基本累積、調控經濟、挹注國庫的重要角色。在 1976-85 年間，國營事業對政府收入的挹注比，高於多數國家，僅次於新加坡。在解嚴前後，公營事業占全國資產總額約四分之一，對固定資本累積貢獻達三成。

然而在 1980 年代，國營事業因效率不彰、人事安排流於政治酬庸，常遭詬病。受當時流行的新自由主義影響，論者多歸咎於寡占市場的競爭不足，呼籲政府應朝自由化、私有化推動。這個改革方向，又受到後續民主化浪潮鼓舞，導致許多國營企業轉為民營。直到近年，才有學者（如張晉芬）回頭關注「國營企業民營化」對勞雇關係、勞動條件、貧富差距等層面的複雜影響，並提出尖刻的倫理問題。

不過國家資本易失難收。一來當前民間並未更信任政府，二來基於信賴保護，重新把任何企業收歸國有，還是要取得民間經營者同意。最基本的是，當前政府財政困窘，政府也無力回購企業。這使台灣註定得走上不同於新加坡的路。

階級化的社會結構

台灣媒體常給人「去新加坡工作＝高薪」的印象，吸引了不少台灣人赴星闖蕩。但有些人到了當地才發現自己只能在底層打滾，日子比在台灣還不如。依新加坡人力部 2011

talent

年的薪資報告，星國高階人才（如公司主管、金融交易員與大學老師）的所得中位數固然高達台幣 24-40 萬，但許多基層勞動者（像清潔員、收銀員、侍者、建築工以及製造業某些操作員）的所得中位數卻只落在台幣 1 萬 7 千-2 萬 4 千元。這些數據還只是「中位數」，在統計分布的兩端，實際薪資差距更大。若考量星國房租物價，許多低階勞動者的生活品質還不如台灣同等工作者。

在極端的所得級距下，星國善用各種身分上與空間上的區隔，減少階級摩擦的風險。例如，星國運用各級文憑證照以及細膩的簽證種類，將勞動者差異「體制化」，也削弱不同類屬間比較的心理基礎。他們以菁英主義來合理化少數人的優渥待遇，同時進用大量低薪外勞（95 萬人，占就業人口 27%），承擔底層工作，提供廉價服務。此外，新加坡八成居民住在政府組屋，搭公車地鐵，在附近低價的「咖啡廳」與熟食中心覓食，在組屋商業區或地鐵沿線購物商場消費。相對而言，星國致力吸引的「人才」則住在門禁管理的私人公寓，能負擔更奢華隱密的消費選擇，也避免跟中低階級混在一起的尷尬。

分眾管理、社會空間切割，均承襲自英領時期的殖民統治技術。而今菁英人才在星國能享受的生活——不管是優渥待遇、廉價基礎服務（如傭人）、專屬的階級空間，也宛若重現當年殖民統治階級享受過的、故鄉難尋的尊榮。

人才界定、公共問責與價值反省

那麼，我們可以來思考以下這三個問題：

一、經濟吸引人才，還是人才造就經濟？這是社會學典型「結構 vs. 行動者」的辯證。我們從前文「後冷戰的地緣價值」一節中可以看到，歷史結構如何牽動經濟地理，引領

人才流動。即便我們不採取極端的「結構決定論」，也足以指出「人才流動導致經濟表現差異」的主流論述，在某種程度上是倒果為因的。

另外，這段文字也隱含了「人才與環境契合度」的思考。新加坡為區域商貿節點，適合國際商貿與高端商業服務（如金融、法律、廣告）人才。然而，即便新加坡致力將自己打造為學術據點，大學也在國際評比中領先，我卻遇過不少學者指出，星國知識社群規模太小、工業基礎不足、學生欠缺創意，或取得本地研究資訊不易等限制。另外，在人文思想、藝術創作、公民運動、社會實踐等人才中，更有不少人感到，台灣是比新加坡更有吸引力的沃土。

這種對照也迫使我們反省「人才定義」。新加坡爭取的，無疑是「有望帶來經濟產出，值得以高薪挖角」的人才。回頭看看台灣，若我們以相同的定義來壟斷對人才的想像，反而會錯過能為這片土地深刻耕耘，卻「無法單用金額界定」的價值。

二、高薪攬才的公共問責：新加坡力爭人才，但搶到了人才，是否真能挹注民眾福祉，卻有懸念。例如過去十年，星國重金投入生技研究，網羅了許多頂尖學者出版論文，但此舉所形塑出的「生技研發重鎮」形象，或許有利於招商引資，對於技術轉移帶來的經濟實益，卻仍是一場不知輸贏的豪賭。

即使高薪人才真能帶來經濟效益，外溢到一般公眾的部分又有多少，能否抵消這些菁英對消費門檻（例如私人公寓、擁車證價格）的拉抬，也都還有疑問。若高薪人才「不見得」帶來公眾福祉，新加坡人就有資格質問：政府憑什麼把資源揮霍在這些「外人」身上，而非改善國人生活？這個決策有誰參與，又是否透明？甚至，這還是不是「新加坡人的新加坡」？

三、階級化社會對菁英人才帶來的「尊榮」，也有需斟酌的面向。政治上，拼湊大量外籍工作者造成的「組合式」人口，無可避免會造成「政治主體」（國民）與「政治受體」（居民）的張力。高度密實切割的社會空間，也瓦解了一個政治共同體的內在連帶，而靠攏到集中式的專制政治。在人文效果上，這樣的社會也否定了「人皆平等」之信念，鞏固了某種「經濟地位決定論」的人觀。說到底，把「人」當成需要爭奪的「經濟資源」，本身就預設了把人「經濟工具化」的想像。這，就是對人的價值的異化。

　　反省我們對「人才」的定義，思考「高薪攬才」對社會的整體效果，並斟酌背後的價值選擇，是我們在借鑑新加坡人才政策前，真正需要先做的功課。

張晉芬 中央研究院社會學研究所

「平平都是人」，女人就是賺得少

女性要面對的，不只是個人條件的提升，還有難以撼動的性別階層。

在柯妧青小姐導演的《她們的故事》紀錄片中，出現了幾位前高雄加工出口區的女工，她們有些已是祖母級了。這些阿嬤回憶起在紡織工廠的工作和當時的生活，仍歷歷在目，而且是甜蜜多於辛酸。那時候她們追求的是工作機會、可以多加點班，最好星期六都可以上班，除了賺錢幫助家裡改善生活，還有同齡的同伴可以聊天、嘻嘻哈哈。1960 年代

gender

記載了台灣女性勞動者辛苦卻也收穫滿滿的歲月。

　　在加工出口區裡忙著應付輸送帶傳來收音機電路板的青少年，或許曾經羨慕其他姊妹有機會進入公部門，飯碗有保障，薪水也不差，在婚姻市場上可能還很搶手。但那些在公部門的姊妹，真的是勞工貴族嗎？

重點不在妳的生產力，在於妳沒有男性的身體

　　一位台灣汽車客運公司的前女性服務員，在 1996 年底離職時，月薪為二萬八千元。或許有讀者會說，這已經比現在許多大學生第一份工作的起薪還要高了，然而不要忘記，她當時在這家客運的年資已累積超過二十年，與她相同年資的男性同仁，薪水早就超過這個水準，有些甚至是她薪水的一倍以上。

　　這位女性被資遣後，去了一家麵包店應徵工作，老闆卻不肯相信在公家單位有這麼長年資的「勞工貴族」，薪水竟然只有二萬八千元。雇主對於勞動的要求都以男性為準，給女性工資時卻自動降價，但是一般民眾在看到女性實際的薪資「偏低」時，又覺得難以置信。

　　雇主對勞動者要求都是以男性的身體為標準，在看待女性時，生產力是否與男性相當、有沒有婚育經驗，這都不是重點，只要是女性（不具有男性的身體），勞動待遇就自動縮水。

　　隨著 2008 年金融海嘯的出現和後續影響，輿論熱烈討論台灣薪資水準降低、大學生起薪低、貧富差距加大時，焦點大多放在世代和階級差異，忽略了勞動女性工作收入持續相對偏低的事實。

　　以下利用官方的資料，說明近幾年來女性工作收入的變化。下頁圖表顯示，就收入低於二萬元的勞動者來說，女性

的比率高達 15%，男性只有 5.7%。如果再看收入在二到三萬
這一組，男性的比率略低於 26%，但女性的比率接近 39%。
合計來看，接受調查的女性勞動者有一半以上（53.8%）薪
資不及三萬元，男性的比率則僅為 1/3。

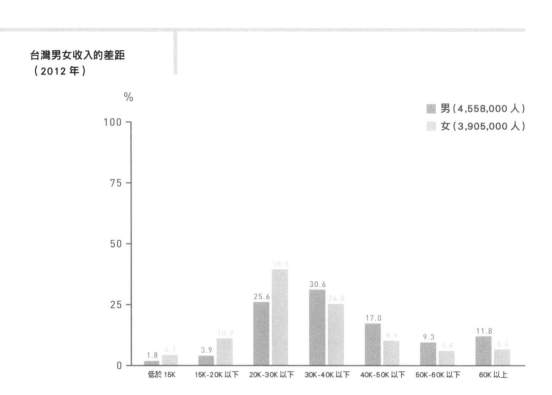

台灣男女收入的差距
（2012 年）

已經力爭上游的女性，命運改變了嗎？

在高等教育擴張之前，女性進入大專院校的機會就已經
大幅提升，然而女性必須力爭上游才得以勉強餬口的命運，
到了廿一世紀並沒有大幅好轉的跡象。右頁圖是以 2011 年

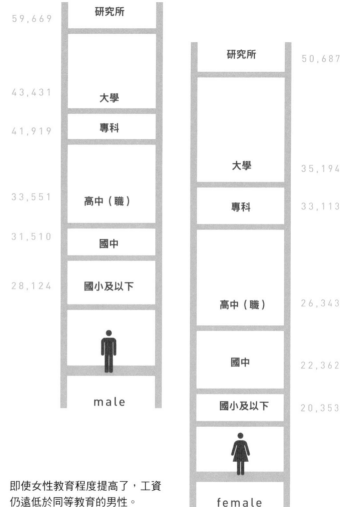

即使女性教育程度提高了，工資
仍遠低於同等教育的男性。

「人力運用調查」資料所繪製的階梯圖。

女性的平均薪資比同等學歷的男性還低，這早已是常
態，但還是有兩個問題值得注意：一、擁有大學學歷的女性

平均薪資還低於專科學歷的男性。二、高中職畢業的女性收入甚至不及國小畢業的男性。讀者可以自行比較其他學歷的差異，並思考為何男性從一開始就「高高在上」。

加工出口區的女工辛苦地培養女兒念到高中、大學，出社會後薪水竟然這麼低。她們心裡或許也在想，果然還是培養兒子比較划算，這並不是因為她們天生就重男輕女，而是文化和現實明白告訴她們男女有別。

當然，受教育的目的也不只是為了賺錢。讀者或許曾經聽到有人說，現在大學或研究生的女性人數已經超過男性，後者也需要保障名額。但如果看到女性大學畢業生或碩博士的平均薪資這麼低，不知道發表這些議論的人，是否也同意應該保障女性擁有和同等學歷的男性相同的平均薪資？

奉獻青春歲月給加工出口區的台灣第一代工廠勞動媽媽，必然欣喜女兒不用再到充滿化學和焊錫味道或纖維、棉絮滿天飛的工廠工作。但是如果她們知道，在冷氣間工作也沒多少錢，工時卻可能更長時，大概也會在心底嘀咕：原來白領工作有面子，卻不見得有裡子。

女性和男性的職業階層，分屬兩個不同國度

右頁圖則是依據前述官方資料繪出不同職業和性別間的薪資對照。區分這些職業面向的標準，包含知識與技術、管理權力、自主性、勞動性質等。綜合這些面向，此一職業分類某種程度上也代表了階級、產業和性別集中度的差異。這些職業的排序與薪資成正比，由最高的平均薪資依序向下排列。為了增加閱讀的趣味，我用各職業類別勞工較常使用的工具或服裝為代表，列出七種職業類別的平均月薪。

如同前述，在同一個職業類別中，女性的平均薪資都不及男性。例如，同屬專業人士的類別（燒瓶、試管），女性

人力運用調查的階梯圖
（2011 年）

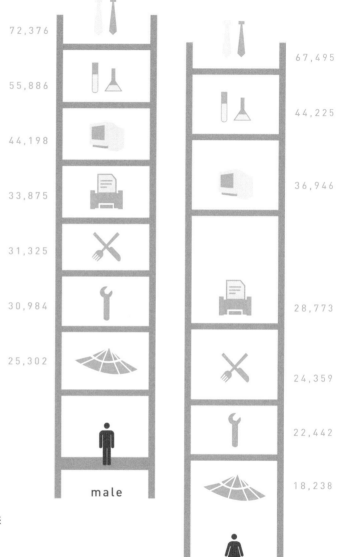

男	女
72,376	
55,886	67,495
44,198	44,225
33,875	36,946
31,325	28,773
30,984	24,359
25,302	22,442
	18,238

male

female

此圖說明了男女同工不同酬的情形

圖例
打領帶：民意代表等
電腦：技術員及助理專業人員
扳手：生產性人員

燒瓶、試管：專業人士
打字機：事務工作人員
湯匙、叉子：服務工作人員

的薪資只有男性的八成五。女性「生產性人員」（扳手）的薪資則為男性的七成左右。

　　再對照同一圖案的方塊，可看出每一層級女性的平均薪資，幾乎都只有男性的下一個層級的水準，有些甚至更低。例如，女性「技術員及助理專業人員」（電腦）的薪資，還不如男性「事務工作人員」（打字機）；而女性「事務工作人員」的薪資又低於男性「服務工作人員」（餐飲服務）；女性「服務工作人員」的薪資則又低於男性「生產性人員」。女性的薪資排列顯然與男性不同國，不同性別的薪資階梯起始的平台就已經差了一截。連在農林漁牧業的男性工作者的平均薪資（25,302 元），都可以打敗三個女性職業類別的工作者，只略遜於「技術員及助理專業人員」層級。

　　1960 年代受僱於高雄加工出口區的年輕女工，追求的是工作的機會，在物價穩定的年代賺到的錢確實好用。當她們變成阿嬤之後，孫女追求的是好的工作機會，因為錢已經不太好用。孫女雖然有更多機會接受教育，也有了父母的經濟支持，但是面對的卻是不斷往上爬升的社會階梯。

　　「社會結構的位移」是指下層階級以追求高學歷來往上流動，這只是一種妄想，階級的相對差異並非個人能力可以改變。這個概念也可以用來說明女性在勞動市場上的處境。雖然女性的平均教育程度和勞動參與率普遍提高，女性和男性始終處於不同的職涯階梯，勞動市場的性別隔離依然存在。女性要面對的，不只是個人條件的提升，還有難以撼動的性別階層。

性別平權世界第二的國度，卻有一半以上的女性領餬口工資

2013 年 8 月，台灣某家麵包店因被查出廣告不實（號稱

天然，但其實添加香精），面臨台北市政府的嚴厲處罰。對於這項可能的處罰，業者用哀兵姿態提出了一個說法：「……面對公司危機，員工情緒都很低落，希望公司能重新站起來，否則一個員工就是一個家庭，一旦失業，將造成更大的社會問題。」希望台灣的雇主是真的認為「一個員工就是一個家庭」，今後不再用「男人要養家」來辭退女性員工，或者壓低女性薪資。因為，一個女性員工確實也是一個家庭，女性也要養家、養活自己。

根據筆者的研究，即使控制人力資本和勞動市場的其他因素，包括工作經歷、年資、工作時數、公司規模等，女性平均薪資仍然不如男性。那麼究竟是哪些因素造成女性薪資低於男性呢？不論是對台灣或對其他國家的研究，都發現雇主的偏見、職業和職務的性別隔離、實質的同工不同酬、組織內的性別歧視操作等，都是有解釋力的因素。改變收入和其他勞動待遇的不平等，不是各別女性勞工個人的條件不好。在工作場所遭遇性別歧視時，要勇於向工作場所當地的縣市政府勞工局或性別評議委員會等相關單位投訴，替自己討回公道。

要市場社會，不要市場經濟

以台灣為主體的發展

蔡明璋 臺北大學社會學系

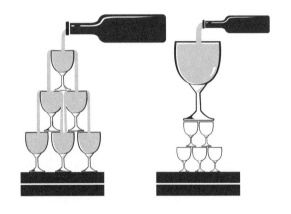

服貿協議的爭議，揭露當下的台灣正步向一個危機風暴。在這個關鍵時刻，太陽花學運激發全民一起反省台灣的民主、主體意識與發展政策的問題根源。

今年 3 月 18 日，台灣有二、三百名大學生迅速占領了立法院，短短數日之內便凝聚了民眾共識。3 月 30 日，將近五十萬人民響應學生號召，靜坐凱道。學生的訴求精悍有力，一方面要求召開公民憲政會議，討論憲政與政黨制度、

economy

社會正義與人權保障、經濟政策與世代正義等。也就是說，將野百合學運所促成的「形式民主化」，進一步推展到「實質民主化」，讓政治權力下放到全民。另一方面，他們也主張退回與中國的服貿協議，要求先建立兩岸協議的監督機制，並直接挑戰政府的經濟政策。

新自由主義與服貿的意識型態

　　過去二十多年來（1991-2013），台灣為了往中國市場發展，挹注了將近 1,337 億美元在技術轉移上（經濟部投資審議委員會資料），中低階技術與高階技術產業也先後移向中國。同一時期，台灣的失業率不斷升高，實質薪資水準倒退了十五年。馬政府選擇以「新自由經濟主義」作為調整台灣經濟體質、促進成長的發展模型，一方面開放原先由國家控制的市場和土地（例如國道收費、公地標售），毫不節制國內資本的進出，放縱資本家任選全球的避稅天堂，同時，又開放國內市場給中國資本，而這些中國資本與中國高層統治階級都有密切牽連。

　　服貿協議毫不遮掩地接受新自由主義的想法，協議主文開宗明義便說：「逐步減少或消除雙方之間涵蓋眾多部門的服務貿易限制性措施，促進雙方服務貿易進一步自由化及便利化。」這個政策論述的邏輯，可以拆解為以下這三段論證：

一、兩個國家之間的商業交流越多，資金流動越不受限制，對經濟成長越有利。

二、台灣目前的經濟成長受阻、收入停滯不前以及諸多的發展困境，都是因為對中國不夠開放。

三、因此，加速與中國資金和商業上的交流，可以增加台灣經濟成長的動力，提高收入。

第一段的論述根源，來自新古典經濟學的假設。這套說法的缺失和不合時宜，學界早有批判。發展中國家的經濟如果能夠成功脫胎換骨，絕大部分不是因為實踐新自由主義政策。試想，戰後的日本、南韓、新加坡與台灣，在加入「後進工業化」的行列時，有哪個國家奉行了新自由主義？這些國家的經濟之所以成功，主要是因為針對特定產業的政策能有效介入市場、提升技術，引導工業生產的方向。「市場開放」並不是成長動力的主因。第一段的前提站不住腳，接下來第二的推論，則誤導最後得到的結論。

資本主義的多樣性

　　新自由主義是否有效，在西方世界也缺乏有力的證據。英國在 1980 年代柴契爾首相的強勢論述與政策操作之下，一夕間成為「自由市場經濟」的典範。但無法否認的是，在新自由主義出現以前，英國工業發展就已經展現傲人的成就，而新自由主義也沒有為英國帶來持續的繁榮。事實上，2007-2012 年，英國甚至進入近代最蕭條的時期。

　　美國被認為是另一個新自由經濟的典範。但我們可以從加州矽谷的例子來反思。矽谷之所以能成為近代科技創新的根源地，是美國聯邦政府與加州政府及史丹福大學合作，自二十世紀初期開始，經歷數十年的研發投入與知識累積，才成就今日傲世的工業區。矽谷的成就並非一朝一夕建立起來，也不是新自由主義或市場開放這種簡化邏輯能夠完整解釋的。中央政府與地方政府的共識和目標明確的力導，扮演了重要角色。

　　美國、英國的例子說明，即使是邁向高度發展的經濟，在歷史經驗上也並非趨同，而是各走各的道，呈現獨有的制度面貌。

丹麥的經濟是另一個典型例證。丹麥的工業特色是擁有大量低階到中階的技術，食品、家具、新潮飾品等，都是這個國家的強項商品。他們克服全球化開放市場的壓力，依靠高度的生產彈性，快速接受擴散開來的新技術。技術發展所依賴的，並非高額的科研支出，而是經驗。市場開放與國際競爭的確提高了失業率（丹麥採用「積極勞動市場政策」，雇主可以自由解雇工人），但失業者也能獲得有效即時的技術提升訓練，且訓練期間能領取相對足夠的保險給付。雇用彈性與就業安全原本是對立的，但是丹麥的公共政策把兩個「冤家」結合起來，讓就業市場的彈性與就業者能力的提升相輔相成。

　　丹麥經濟的另一個特色是企業鑲嵌在高密度的生產網絡中。在互信共生的網絡下彼此連結的企業，能適時適度地從其他企業那裡獲得技術與市場訊息，而企業彼此合作，也降低了學習和合作的交易成本。丹麥作為高收入的小型企業國家，在政策上對台灣的啟示是：即便是小國經濟，在國內市場有限、對全球經濟波動又特別敏感的先天條件下，成長的政策也並不僅有市場開放一途。

　　丹麥跟台灣一樣，也都是小國經濟，因此很格外值得我們注意。

▌要「市場社會」，不要「市場經濟」

　　馬政府主政六年來，從 ECFA 到服貿協議的操作，都將台灣未來的發展模型押注在新自由主義的單一選項上，在理論上不但站不住腳，在實務上也沒有成功的例子可以援引。以上所舉英國、美國以及丹麥，都不是在新自由主義的政策上造就出成功的經濟。這些國家其實有個共同特質，十分值得注意：他們清楚營造出一個「國民市場社會」（national market society）。這個經濟模型有幾個重要特質：

一、成長政策最優先的對象，是在國內發展的產業。國家幫助這些產業技術升級，也提供所需的資金、人才與基礎結構。

二、同時，要避免產業成為特殊利益團體，成為倚賴國家補貼政策自肥的寄生資本家。

三、在制度性的勞資協商機制下，經濟生產的剩餘要公平合理地分享，構築更扎實的社會凝聚力。

四、積極勞動市場政策要能有效運作，並且避免開放政策所增加的失業人口陷入貧困。

　　台灣要往這個方向演進時，得先認清這樣的制度革新，不在於複製任何一種市場「經濟」，而是將市場鑲嵌在社會共識和集體利益之中，因此我稱這個制度為市場「社會」。市場社會以提升生產部門的技術為優先，作為經濟成長與分配的軸心。這些產業羽翼未豐時，政府應給予適當支持和保護，因此說這種經濟模式具有「民族性格」。然而，這並不表示「國民市場社會」的運行軌道，只能局限在台灣內部，而是說，台灣企業若要能在國際市場衝鋒陷陣、拔得頭籌，就得先建立強壯的國民市場社會。企業善用關連產業提供的創新想法、技術與零件，有競爭力的產品，在國內與國際市場進行競爭，同時，創造的利潤也合理地分配到參與企業生產的工作者，以提高國內薪資水準，帶動市場社會下一階段的動力。沒有國家積極有效介入的市場經濟，最大的殷鑑便是頂新集團運作的模式，資本與生產模式缺乏應有的管制，導致的整體社會損失（社會成本）往往難以估計。

　　台灣戰後的成長模型，是以家族中小企業為主力的協力生產網絡，再透過代工生產的方式進入全球商品鏈（例如小型消費性電子產品、成衣代工）。在中國加入全球市場競爭，

成為新的世界工廠之後，這樣的成長模式便遭遇到瓶頸。然而，台灣協力生產網絡的動能並非消失，許多小產業仍是經由這種模式，在世界市場發光發熱（例如高檔自行車）。未來台灣經濟要面對的問題是：從「家族網絡經濟」到「國民市場社會」，要怎麼走才最近、最省力。但是，馬政府目前一味推銷新自由服貿主義，會將台灣鎖入難以自拔的純市場經濟的深淵。

以分配正義作為經濟成長的道德基礎

馬政府要做的，不是把服貿協議再拿出來修修補補，而是與公民社會在平等的位階上，共同商討以台灣為主體的更高層次發展政策。一個基礎的認知是，台灣長遠發展的動力，在於企業、勞工與國家之間誠心通力合作，以分配正義作為成長政策的道德基礎。繼續膚淺地使用新自由主義的開放經濟處方，是緣木求魚的做法，既無近益，亦無遠利。

最後，要與中國進行商業交易，也不能無視這個利：這個崛起的偽社會主義大國，與台灣存有敵對關係。台灣與中國是政經體制全然不同調的國家，兩者之間如何能有對等、互惠的開放方式？在未清楚檢證中國與其他國家交往的紀錄，就大力推銷與中國的服貿協議「利大於弊」，這樣的想法實在太過天真。

服貿協議的爭議，揭露當下的台灣正步向一個危機風暴。在這個關鍵時刻，太陽花學運激發全民一起反省台灣的民主、主體意識與發展政策的問題根源，這也是太陽花運動令眾人感佩的原因之一。

什麼是新自由經濟主義？

新自由經濟主義立基於兩個重要的基本假設想法。第一，經濟可以視為一個獨立領域，在分析上與社會分離，可以完全以經濟的內在邏輯來了解。第二，個人立基於理性行動以追求最大效用。在這個想像中，所有商品（包括勞動與資本）都可以被一心一意要將效用極大化的行動者放在競爭市場中買賣，所以價格變動會使供給與需求達到均衡。透過價格機制加以協調的無數交易，結果會達到一種總體的均衡狀態，在此狀態下，所有資源的利用都可達到最高的效率。

依這個市場自律的說法，價格是競爭市場所決定的，因此，資本家雇用人力時沒有先天的優勢，工人受雇時亦沒有先天的劣勢。我們決定購買一項產品時，可以依價格決定選擇哪一種產品（假設你我都知葫蘆裡賣的是什麼藥），買方賣方誰也不吃虧，誰也不占便宜。這樣的市場經濟可以自行運作良好，所以政府變得不必要，或是政府管制盡量少。這便是新自由經濟主義的基本立場。但真實市場的運作，並非如此。市場對資訊的隱瞞與扭曲（飼料油混入食用油中），或是交易雙方力量不等（資方壓抑工資）總是存在，每一次的市場交易，總是僅有一方受利。近代資本主義的演化歷史顯示，以集體的力量，不論是國家或公民社會，介入規範市場交易，效用才可能公平分配到進行交易的雙方。

economy

核電生死簿

苦難的分布

王宏仁　中山大學社會系

苦難，就是沿著階級、族群、區域，影響著一個人的生死！

　　蘭嶼的反核運動媽媽希婻・瑪飛洍（Sinan Mavivo）曾受邀到中山大學，對社會系學生講述過去三十年來蘭嶼族人對抗核廢料惡靈的經驗。在演講中，令我感觸最深的一句話是：「為何這樣的苦難，是由蘭嶼達悟人獨自承受？」原來，我們社會所生產製造出來的苦難，是如此不平均地落在不同人的頭上。

hardship

階級，影響著你的生死！

　　許多人應該都看過電影《鐵達尼號》。男主角窮傑克在船上巧遇富家女蘿絲，就此展開一場跨階級的戀愛。輪船在沉沒之前，眾人搶搭救生艇逃生，老弱婦孺優先登上救生艇的電影畫面，讓我們看到人性中感人的一面。但逃難之中，也有十分不堪的畫面。蘿絲那個令人討厭的未婚夫卡爾，一直找機會想搶先登上救生艇，最後也得逞了。不過，卡爾何以搶搭得上？這只是個案或特例嗎？不是！電影畫面沒有告訴我們當時逃難的真實情況：窮人坐的傑克艙，發生災難時，存活下來的機會只有富人蘿絲艙的四成，且男女都一樣！

不同艙位的生還比率

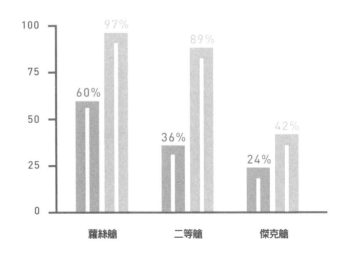

■ 整體的生還比率
■ 女性／小孩的生還比率

hardship

不要以為災難不平等的現象，只會發生在過去階級化較為嚴重的社會。相信大家都搭過飛機，而且絕大多數是搭乘經濟艙。如果仔細觀察飛機的逃生口配置圖，你會發現，一旦飛機發生事故，只要不是墜毀，頭等艙跟商務艙的乘客可分配到的逃生出口，平均而言比經濟艙多很多。從下圖我們可以算出，在頭等艙中，1 個逃生門可以分配 4.5 個旅客；在商務艙，1 個逃生門分配到 24 個旅客；在經濟艙，1 個逃生門則分配到 46 個旅客。也就是說，如果發生災難，苦難並不是平均降臨在每個人身上。

飛機的逃生口配置圖

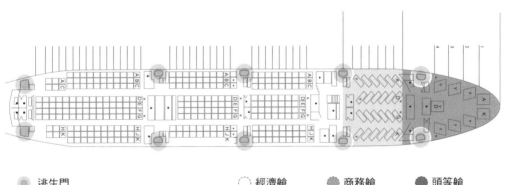

⬤ 逃生門　　　　　◌ 經濟艙　　⬤ 商務艙　　⬤ 頭等艙

　　回到反核的議題。一句大家耳熟能詳的反核口號是：「核能災難是不分藍綠的！」確實沒錯，核電廠一旦爆炸，整個島嶼都會完蛋。但是，核廢料造成的苦難，卻是不平等地分配在不同種族、階級與空間。1970 年代，台電將核廢料掩埋在蘭嶼，就是因為達悟族在各方面的弱勢（經濟的、政治的、人口的），再加上刻意欺瞞某些事實，將核廢料強加丟

棄在這座小島。但是，這件事就如東部的反核運動口號：「為何用電的都是西部，核廢料卻要丟到東部？」目前台灣的用電，有三分之二是工業用電，而石化業、鋼鐵業這些耗電大戶為何可以享受政府口中的「便宜電價」，卻不必承擔核廢料帶來的苦難？

日本的部落民與苦難

但即使是天災，也不是平均降臨在每個人身上。日本的福島是全日本最貧困的地方之一，當地居民也就是在就業無望、收入不足的情況下，同意核能電廠在該地興建、運轉。福島核災過了一年後，日本核電廠原本全面停止運轉，最後仍然在 2012 年 7 月，讓關西電力公司位於福井縣的大飯核電廠重新啟動運轉。理由無他，就是這個地區貧窮，需要就業跟建設。福島版的核災一旦發生，最直接的受難者就是這些窮困地區的居民，而非那些遠離核電廠且可以全球自由來去的人。

在現今的日本，社會上仍然有一群「部落民」。他們其實跟大和民族是同一族群，在封建時代可能是乞丐（被稱作「非人」），或從事一般人不願意做的工作，例如殯葬業、屠宰業、皮革業（所以被稱作「穢多」）。明治維新後，各種階級身分取消了，但是他們從事的職業、居住的地區，仍然延續下來，而這些職業和居住地所代表的階級，也跟著傳承下來。雖然現今的部落民在外表上完全看不出與其他非部落民有何差異，但是日本社會仍清楚知道他們住在哪裡，也清楚這些居住地所象徵的意義，進而形成另類差別與歧視。例如 1980 年之前大阪的製鞋業相當出名，與製鞋業相關的製革業，自然而然就是由這群部落民所支撐，並居住在特定的區域——長田區。

1994 年，日本發生阪神大地震，一般人都會把地震視為天災，而災難會依照機率平均分配給每個家戶，因此理論上，那些夷為平地的房舍也不分種族階級。然而實情卻是，處於日本社會最底層的部落民，房屋被摧毀的數量遠遠超過其他階級，至於受災最嚴重的地方，就是神戶的長田區——全日本聚集最多部落民的地方。

　　悲哀的是，阪神大地震期間，日本媒體雖然大量報導災情，甚至報導了在日朝鮮移民或越南移民的情況，關於部落民災區的報導卻付之闕如。即使「部落解放同盟中央總部」就位於神戶市中心的街道，也沒有任何記者前去採訪。這樣一個約 150-300 萬人族群所受的苦難，就在社會的集體漠視下，無聲無息被消音了。

社會制度與結構造成的苦難，由誰承受？

　　2009 年 8 月 8 日的莫拉克颱風，帶來的水災風災使高雄甲仙的小林村落全數覆滅，整個村落就這樣淹沒在土石流當中。這樣的苦難為何是落在平埔族？大眾媒體跟官方說法都指向天然災害，乃無法避免之事。但是這些部落的原住民與山共存了數千年之久，對於自然災害也自有一套應付法則，數千年來卻很少遭遇如此不幸的災難。

　　相關證據指出，八八風災之所以造成如此讓人悲傷的苦難，在在與曾文水庫越域引水的工程相關。對此，官方總是習慣性地否認（甚至反咬禍因在於居民種薑）。這種態度與台電對待蘭嶼核廢料如出一轍。核廢料是否會造成污染與傷害？台電和行政院一貫的說詞就是「沒有證據可以證明有關係」，但是我們可以拋給台電一個簡單的提問：「這些核廢料放在台電大樓裡面，你們願意嗎？」309 廢核大遊行中，走在台北場最前面的「核電災民大隊」金山地區居民吶喊說：

你們可以理解我們的恐懼嗎？為何是這些地區、這些族群的人們，要單獨承受這樣的恐懼與苦難？

自然災難確實沒有長眼睛來區別藍綠、階級、族群、性別，但是人類創造出來的社會制度與結構，卻引導著天災沿著這些制度結構，降落在那些最弱勢、最邊緣、最無法為自己發聲也無從抗爭的住民身上。

蘭嶼的人民，他們做了什麼錯事？什麼都沒有。但是他們卻必須打上一場似乎永遠無法勝利的戰爭！核電，這種人為的苦難，就是沿著階級、族群、區域，影響著一個人的生死！

hardship

第四部　邊緣人生

缺角的台灣社會學研究

身心障礙研究

王國羽 中正大學社會福利學系

disability

障礙者要的不是氾濫的愛心，而是對人的基本尊重。尊重他身為一個人的基本尊嚴與人權。

　　幾年前，我在台灣社會學年會發表《缺了一角的台灣社會學研究》，幾年過了，台灣社會學領域雖然逐漸形成障礙研究的社群，但是仍然處於邊緣的學術位置。最近一位中國來訪學者問我，為何學界對障礙研究的興趣總是排在最後？這個問題我無法立刻回答，但是我可以由本身經驗談起，討論我觀察到台灣社會發展的一些現象。

社會學理論可以套用在特殊的障礙研究領域嗎？

社會學理論提供我們一套論點，讓我們有系統地去思考障礙者與社會，例如障礙者無法出門，這究竟是誰的問題？依據社會學理論的結構觀點，這是社會沒有盡到責任，沒能在結構上排除障礙者出門的阻礙，那是社會的問題，不是障礙者個人的問題。用**社會結構**對照**個人因素**，以兩種角度理解障礙經驗，就是社會學可以貢獻障礙研究的地方。

廣泛來說，學術題目與領域的選擇，大多數仍是學者的自我決定，很難有標準或依據，每個人在選擇各自的研究領域時，背後都有不同的動機、興趣、經驗。大多數的人，除非本身有障礙經驗，像我本人，或自己的親人中有障礙者，或是曾經與障礙者互動與接觸，否則，很少有人會主動、熱情、全心全意地投入這個領域的研究，因為這個領域要研究的經驗是**少眾、不同**與**特殊**的身心理經驗與過程。

社會學的訓練，讓我們在觀察、解釋社會現象時，會以趨勢、型態、類型等作為分析與論述的基礎，但面對比較少量的經驗，例如障礙時，就會有不知如何入手的困境。過去的社會學家，往往會在他的主要訓練領域中，針對障礙現象提出解釋，我想最有名的例子應該就數美國的社會學家納吉（Saad Nagi），他運用角色理論的概念解釋障礙者的**限制**從何而來。他的解釋很簡單，那就是，障礙者的各種身心理條件，讓他們在人生不同階段的社會過程中，無法完全滿足社會對他們的角色期待。

針對一般大眾社會型態的理論描述，運用到障礙族群，是否可以說得通呢？如果說不通，那麼我們期待社會能做哪些解釋與分析呢？如果選擇障礙作為研究主題，這個主題與其他的主題之間，究竟有多大的不同呢？

障礙者要的不是氾濫的愛心，
而是對人的基本尊重

傳統上，我們都採取一種依賴的心態來與障礙者互動，也就是說，當我們遇到障礙者時，會主動或直覺的認為他需要幫助，其實也許他並不需要。這種**自動假設障礙者需要協助**的態度，就根植於我們文化中，讓我們以養的態度與他們互動。

前文所述納吉對障礙經驗的解釋，雖然有些道理，但是今天的社會現實與狀態卻與五十幾年前相差非常大。他是以原有的社會學訓練，提出對社會現象的解釋，以此來理解、分析障礙經驗。他的貢獻就在於提出障礙者與社會期待之間的差距，而這種差距，我們常常都可以在不同時空的各種文學作品、劇作、詩集中看到。只是很不幸的，這些描述往往都是負面、悲慘、可憐、淒苦的社會生活經驗。因此，社會大眾對障礙者或對障礙者的理解，就陷入了這樣的刻板印象之中。

當學者選擇障礙研究這個領域時，他也同時選擇了社會對研究對象的印象。當我們說自己的研究對象與群體是老人家時，人們會與你分享老人對社會多麼有貢獻，多麼值得投入研究。你對陌生人或不熟悉的人說你研究的團體與對象是障礙者時，人們的第一個印象是你很有愛心，這種對障礙者採取慈善態度的回應，往往讓我抓狂，我也很少有機會解釋，研究對象與我之間不必然的連結。障礙者要的不是氾濫的愛心，而是對人的基本尊重，尊重他身為一個人的基本尊嚴與人權。

無論障礙者的狀態多麼嚴重，只要他是人，社會就應該尊重他的人權，例如上學、就業、外出休閒等與所有人一樣的基本權利。社會提供各種提升障礙者基本人權的措施，不是因為他**可憐**，而是因為他是社會成員。進步國家與文明社

會，不是以一般人得到多少，而是看最差的群體是否獲得基本的尊重與保障。

例如，我們今天搭乘的各種交通運輸工具，在設計或推出時，社會並沒有期待障礙者會搭乘。當時可以乘坐這些昂貴的交通工具的人，在社會中都有相當的地位，車身離月台有點距離，剛好是展現僕人協助主人上下車的場域，或展現這些交通工具的稀少與昂貴的氣質。

但是今日的社會，人們活得比較長，各種健康狀態的人都需要用到各種交通工具，這些工具的設計，往往就必須考量所有人的需要，愈普遍、愈多數人搭乘愈好，因此車身與月台間的縫隙愈窄愈好，以往那種需要大步跨上車廂的設計，就顯得落後與不親民。前兩天，報紙刊登台北捷運的忠孝新生站因為轉乘的人數眾多，當初設計的電梯已經不敷電動輪椅通勤族的使用，這與一百多年前對照，是差距甚大的社會事實。我們看到社會進步，但進步的定義是大眾交通工具的設計與運用必須滿足大多數的人交通與移動的需求，不再只是社會中少數階級的交通工具。但台灣在進步的同時，我們也看到設計者對障礙者使用人數的低估，造成電動輪椅使用者需要花更長的時間排隊使用電梯。

社會進步的衡量，不是只看一般人得到的便利設施，而是看這些設施造福與方便了多少原先忽略的人口群。

障礙研究缺角的學術制度因素

接著我想提出的是整個結構上的限制，最近十幾年，學術界開始引進管理主義的概念，發表國際期刊論文成為許多人提升績效的捷徑。就障礙這個領域來說，整個西方過去五、六十年的主要研究典範是去機構化的運動。在西方國家的想像中，台灣應該屬於機構化服務的國家，因此我們的論

文與論述需要在西方期刊對東方國家的想像中，分析資料與討論。

　　但是西方國家機構化收容的歷史，與他們過去歷史與文化上對基本人權的啟蒙與發展有關，極為關鍵的是社會達爾文主義思維，加上個人自由主義的發展，障礙者在過去近兩百年的歷史中，被歸類為次級的群體，需要與一般社會人口隔離，因此機構化的大型居住方式被認為是最佳的選擇，是一種對障礙者與一般社會大眾都好的社會生活安排。也就是當社會與障礙者隔離時，障礙者的各種狀態與疾病就不會傳染給一般人（當時社會認為障礙者是病人，需要醫治，並隔離提供居住與照顧）。

　　但是台灣的歷史中，未曾發生那種大型機構化隔離生活與經驗。外國的論文審查者與評論者，都期待看到台灣的作者能提出對機構化生活的評價。問題是，當我們的經驗中沒有這些西方審查人的經驗時，應該怎麼辦？

去機構化運動與障礙者的權利運動

起源是 1960 年代的西方國家看到過去將近 150 年，社會以隔離與大規模的機構終生安置障礙者，這不但讓障礙者無法接觸社會，更剝奪他們過正常生活的權利。障礙者的生活、教育與工作，都有權利和一般人士無異。去機構化運動緣起於北歐，但是由多倫多大學的教授沃爾芬博格（Wolf Wolfensberger, 1934-2011）建立起整個運動的理論基礎與論述，最後擴展至全世界，以去機構化精神提供障礙者教育、生活、職業、就業與居住等各式服務與障礙者的權利運動。

最有名的障礙者權利運動是美國的障礙者自立生活運動，由長期受小兒麻痺後遺症之苦的羅伯茲（Ed Roberts）開始，挑戰加州柏克萊大學的就學環境，認為他應該與其他同學一樣享有大學生活，不應該因為校園的無障礙措施不足，就剝奪他的就學權利，後來的自立生活中心的設立，就是由他開始。

disability

社會歧視對於障礙研究的阻礙

我曾經經歷過,當我抱怨餐廳的東西不好吃或服務不佳時,有時會遇到一種奇怪的反應,服務者並沒有說甚麼,但是他的眼光告訴你,你抱怨甚麼?或你懂嗎?那種因為你的外表或行動不便,讓他覺得你一定欠缺經驗的眼光,也就是一般認為障礙者能力不足的偏見,是最令人難以忍受的社會態度與事實。可是,當社會將障礙者與社會某種過於氾濫的愛心與悲情綁在一起時,我實在無法澄清,**我要的其實就是一種對人的尊重與理解**。在那些時刻,我可以深刻同理國外障礙研究學者所描述的社會態度、偏見與歧視。

因此,障礙研究在台灣要面對的,除了某種程度現代化的方便設施,例如高鐵的服務之外,更多時候是要面對出了高鐵站的社會現實;除了要解決物理性的交通問題外,還要解決人們心中對障礙者的社會烙印與態度偏見。這混合了多樣的社會現狀,從極度現代化的設施到對障礙者採取極溫情的慈善態度中間的各種角度與光譜,都可以在台灣的社會中看到。

障礙研究總是最後受到社會與學術學群的注意,是社會現實與學術社群的互動結果。障礙者身為社會中的一份子,具有不一樣的身心理經驗,我們面對這個具備現代便利設施的外部環境,大多數人卻仍以傳統慈善悲情的態度來對待障礙者,在這樣的情況下,障礙研究被歸類為邊緣學術領域的命運是可以想見的。值得安慰的是,我們下一代的學生在整個成長過程中,有各種機會在車站、學校、公共場所或家庭中與障礙者互動或共同生活,因此未來的偏見與歧視就有望能降低一點,讓這個領域成為可以吸引學者投入的領域,不再局限於具有障礙經驗的少數人,或是家人之中有障礙者的學者等。

邱大昕　高雄醫學大學醫學社會學暨社會工作學系

誰來為獅子寫歷史？

身心障礙者故事的社會學分析

disability

身心障礙者生活上的問題常被歸因於個人身體損傷，需要靠醫療手段來修復或社會救濟的幫助，然而障礙問題的消除最終還是需要透過社會制度與環境空間的改造才能達成。

很多人都聽過海倫凱勒的故事，或者讀過她的傳記。她的故事通常都是這樣開始的：

從前在美國南方的一個小鎮上，住著一戶姓凱勒的人

家。有一天凱勒夫人生下一個白白胖胖的可愛女娃，為她取名為海倫。小海倫從小長得很可愛，很得父母歡心。當海倫十九個月大時，發了一場高燒，從此看不到也聽不到，爸爸媽媽非常傷心……海倫一天天長大，個性變得越來越任性、古怪、暴躁、不講理，常亂摔東西，或故意將玩具丟得滿地，無緣無故大吵大鬧，惹得全家不得安寧。

接著，就要提到她那有名的水井故事……

爸爸媽媽非常擔心海倫的情況，於是從柏京斯學院請來一位家庭教師沙莉文小姐。沙莉文小姐先教海倫使用刀叉吃東西，又送海倫一個洋娃娃，並在她手中寫「DOLL」。後來沙莉文老師帶著海倫來到水井邊，先讓海倫拿著空杯子，在她手上寫「CUP」，然後把井水倒進去，故意讓水滿出來流到海倫手上，再在她手上寫「WATER」。如此重複幾次，海倫知道任何東西都有名字，並且可以用文字表達出來……

再來，就差不多可以進入結論……

海倫大學畢業時，校長問她畢業後有什麼打算。海倫說：我立志為行動不便的人貢獻自己的力量，幫助需要幫助的人。從此海倫到世界各地發表演說，鼓勵身心障礙的人變成有用的人。海倫的愛心和不向命運低頭的勇氣，實在值得我們欽佩和效法。

海倫凱勒生於 1880 年，到 1968 年去世，共活了 88 歲。但她漫長一生中，不斷被重述和記住的卻往往只有童年這幾件事。如果有機會去美國阿拉巴馬州參觀海倫凱勒的故居，導覽告訴你的，差不多也是如此，頂多添加些誇張的表情、動作和語氣，比方用充滿愛憐和惋惜的口吻說：「她小時候多可愛啊！」

當遊客走過那有名的水井時，導覽會突然停下腳步提高音調，叫大家看這個曾帶來「偉大奇蹟」的唧筒！最後走到

禮品區時，就會看到商品架上擺滿各式唧筒形狀或圖案的紀念品，供遊客掏腰包買回去珍藏或送給親朋好友。教育家、傳記作者、出版商、旅遊業者、禮品製造商，合作無間共同創造與複製神話。

其實在消費海倫凱勒故事的同時，這個故事也鞏固了主流社會的秩序與利益。至於海倫凱勒年輕時是否談過戀愛？有沒有結過婚？先生是誰？有沒有小孩？這些「瑣事」就不值一提了。甚至連她大學畢業後到底做過些什麼，寫過什麼書，參加過什麼活動，似乎也不是那麼重要（如果海倫凱勒是男性或者非裔，整個故事應該會有很大的不同）。海倫凱勒之所以「偉大」，就僅僅在於小時候那場讓她又聾又啞的高燒，以及（幸好有沙莉文小姐和那口水井）克服萬難學會人類最重要的能力：說話。

從此以後，海倫凱勒成為世人景仰的對象，因為她為我們的語言增加了一個新句型：你看海倫凱勒又聾又啞都可以 ＿＿＿，為什麼你就不能 ＿＿＿？我們推崇的是海倫凱勒的「奮鬥精神」，是那種努力成為正常人的「堅強毅力」。努力成為「正常」，是這整個故事的重點。

一尊塑像引發的諸多疑問

法國有一所盲人學校叫 L'Institution Nationale des Jeunes Aveugles (INJA)，前身是何伊（Valentin Haüy）在 1784 年創立的世界第一所盲人專門學校。海倫凱勒小時候念的學校 Perkins School for the Blind 則建於 1829 年，該校創辦人霍威（Samuel Gridley Howe）也曾經到巴黎參觀此校。

雖然過了兩百多年，今天這所盲人學校的外觀仍然和 1844 年沒有太大差異。大門兩側各有一棵樹，正門一進去就會看到該校創辦人何伊的塑像。何伊高高地站著，旁邊坐

著一個學生模樣的盲人。何伊穿著體面高尚，而地上的盲人則披頭散髮、衣著邋遢，甚至連雙鞋子也沒有。很顯然，他們是屬於不同社會階層的人。何伊一手托腮若有所思，低頭不語看著盲人，另一隻手摸著盲人的頭，像在摸小孩的頭一樣。盲人的眼睛則是閉著，眉頭有些輕皺，似乎努力想要理解手上摸的點字書所要傳達的意義。

這座塑像讓人好奇的地方實在太多了，比方為什麼何伊高高在上，盲人學生卻可憐地坐在地上呢？如果這是一般學校，我們一定不會把校長或創辦人的塑像做成這副模樣。坐在地上這位盲人看起來已經是成人，為什麼卻像寵物般依偎在何伊旁邊？曾經在該校任教的盲人布拉耶（Louis Braille）發明了目前全世界普遍使用的點字。如果雕像的左邊是布拉耶，盲人學生還會坐在地上嗎？如果十八、十九世紀生活在西方社會的盲人很可憐，是什麼原因讓他們變得可憐呢？

西方社會在文藝復興之前，視覺似乎並不像現代社會那麼重要。視覺與「客觀事實」的關係是宗教改革和科學革命後才建立的，此後視覺才成為西方人通往「真理」的管道。西方社會在工業化之後，身心障礙孕育並助長了許多專業與學術領域。醫學、復健、特教、社工、心理學等都以研究、服務「不正常者」，來建立本身的存在價值與正當性。盲人在視覺理性化之前的生活究竟是什麼樣子，我們知道的仍然很少，尤其是非西方社會的盲人生活，我們知道的更少。

兩塊石碑保留了什麼？

台灣的盲人教育最早起源於蘇格蘭傳教士甘為霖（Rev. William Campbell）於 1891 年 9 月 12 日在台南所設立的「青盲學」。該校於 1900 年由「台南慈惠院」（今私立台南仁愛之家）附設教育部接辦，並改稱「盲人教育部」，1922 年臺

南州政府接辦後改制為「臺南州立盲啞學校」。

我曾於 2006 年去參觀原來的台南盲啞學校，原有建築物都已不復存在，整座學校找不到任何一點過去快樂或苦痛的回憶。校史室裡唯一保存的，只有兩塊字跡斑駁的石碑和歷屆校長肖像，此外什麼資料都沒有，甚至連歷屆畢業生的名冊也付之闕如。和國外盲人機構或特殊學校相比，台灣相關歷史資料的保存實在少得可憐。

有次我去台南演講盲人歷史，演講結束後一位特教老師站起來問：歷史可以預測未來嗎？如果不行，歷史只是學好玩的嗎？台灣許多人都有這樣的態度，也難怪多數人不重視歷史保存。對很多人而言，只要是新的、和國際「接軌」的，就是好的。每當碰到問題就往外找答案，希望透過引進國外新的制度和技術來解決眼前的問題。由於不知道以前發生過什麼事，對過去的想像多是移花接木，把外國的歷史當作自己的歷史，順便正當化新制度或新技術的引進。

除非獅子有他們的史學家

「除非獅子有他們的史學家，否則所有的打獵故事都只會說獵人有多偉大。」

歷史永遠是為某些人寫的，而不是為另一些人。我們對過去的認識，多來自既得利益者的詮釋。海倫凱勒的傳記、何伊的雕像，或者教科書第一章的歷史發展，全都是特定角度的解讀。詮釋者的觀點和偏好，決定了他們對歷史資料的選擇，也決定了我們對歷史的認識。當我們讓歷史資料被隨意破壞、糟蹋、損毀、遺失時，就是讓自己（和以後的人）失去重新解讀歷史的機會。我們最後剩下的，就只有那套既得利益者的觀點和偏好。歷史或許不能預測未來，但不同的歷史觀點可以幫助我們創造出不同的未來。

disability

最後，讓我們再回到海倫凱勒的成年生活。她大學畢業後到處演講，為盲人教育機構募款。但是她並不喜歡這種工作，她覺得太「膚淺」了，像在乞討一樣。海倫凱勒說：

> 許多年輕女性充滿奉獻精神和善意地投入膚淺的慈善活動，她們想去餵飽飢餓的人，卻不知道貧窮的原因。她們想去照顧生病的人，卻不知道病痛的由來。她們想要去拯救墜落的姊妹，卻不明白擊垮她們的現實殘酷力量……我們都注意枝微末節，而忽略掉重要的事。社會需要脫胎換骨，改革才可能成功。

成年後的海倫凱勒是積極活躍的左派社會改革者，一生參與無數社會運動，爭取女性投票權、支持黑人民權運動、支持反戰與工人罷工、反對移民歧視等。她當時就認為許多社會問題都是經濟結構所造成，因此她強烈譴責工業化造成身心障礙勞工的貧困。因此當有人問她可以做什麼來幫助盲人時，她不是教他們去捐錢或當志工，而是告訴他們：「去讀工業經濟學吧！」

海倫凱勒為何要人們讀經濟學？

資本主義重視獨立、競爭與效率的生產方式，都市的成長與擴張，職業專門化的發展與複雜的勞務分工，以及延伸家庭的式微，使得身心障礙者更加受到孤立與排除。因此海倫凱勒認為捐錢或當志工只是舒緩表面問題，唯有從制度面著手才能從根本解決問題。

張恒豪　台北大學社會學

我們還在為上公車抗爭

制度歧視與障礙者文化資訊權

聽障者若想打電話詢問信用卡帳單問題時，會碰到什麼狀況？

當社會構成的障礙讓障礙者無法和其他人一般參與社會時，障礙者就只能成為福利依賴者。換言之，障礙者變成福利依賴者，是障礙者的基本權利被剝奪的後果。

同志成家權利的議題，經常引發許多論戰。有趣的是，同志成家議題也在障礙者倡議社群中大量討論，有人因為怕被貼上「護家盟」的標籤，而不敢參加障礙者的文化資訊權遊行；有人則是為了參加「護家盟」的遊行，而無法參與障

discrimination

礙者的文化資訊權的遊行。同志成家權與障礙者文化資訊權，這兩者在反歧視與維護作為人的基本權利上的相似處，反而被忽略了。

反對同志成家的論述常圍繞著：「我們不歧視同志，同情同志的處境，但是，家庭倫理不容挑戰。」問題是，什麼是歧視？歧視，教育部國語辭典網站定義為「輕視，以不公平的態度相待」。不公平的差別待遇是多層面的，而制度性歧視則是常常被忽略的議題。所謂制度性歧視指的是「社會上已經存在的習慣性做事方法（包括那些尚未被挑戰的規則、政策和日常慣習），它妨礙了、限制了少數族群的成就，並且造成他們處於次等且不利的位置。」同志被剝奪成家的權利，就是一種針對身分差異的差別對待，而這就是制度性歧視。

身體損傷不會形成障礙，障礙是社會文化造成的

已故的台灣障礙者權利運動先驅劉俠，在她的回憶錄中就提及，1971年她坐著輪椅要參觀建國六十年經濟發展成果特展時，被警衛拒絕入內。負責人說：「對不起，因為正好有重要人物參觀，你們這樣進去不好看。」這樣受到歧視的經驗促使她投入障礙者權利運動。障礙者面臨的不只是這種態度上的歧視，更多時候是被認為理所當然的制度性歧視。台灣的社會文化已經習慣了障礙者因為身體損傷而「不參與」，卻忽略那是因為社會性的障礙，導致障礙者無法參與的制度性歧視。

如同性／別研究區分生理性別（sex）和社會性別（gender），障礙研究也區分了身體損傷（impairment）和社會障礙（disability）。前者指的是生理上的身體功能缺損，後者泛指社會結構、制度、文化對個人社會參與所造成的阻礙。

換言之，損傷或是身體功能的差異，不一定會形成障礙，障礙是受各種社會文化因素所影響的。舉例來說，對輪椅使用者而言，有輪椅坡道的公共建築就不對她／他產生障礙，雖然身體損傷依然存在。

同志運動的成果讓同志身分成功的去醫療化，同樣地，障礙者權利運動也要求障礙者去醫療化。障礙者不是病人，身心障礙基本上是無法治療的狀態，因此社會應該以多元文化的觀點來看待障礙者，而不是將障礙者視為需要治療以回復健常身體的人（able-bodied）。在這樣的框架下，障礙者的反歧視公民行動要求的是任何人都不應該因生理障礙而被剝奪公民權利。因此，障礙者無法進入公共場所，是一種歧視，無法取得一般人可以獲得的文化傳播資訊是一種歧視，無法受一般國民應有的教育，也是一種歧視。任何一個現代國家，都不應以障礙者身心差異為理由，剝奪障礙者和一般公民同等的權利。

黑人為坐公車前座而抗爭，我們卻是為能上公車而抗爭

美國的障礙者反歧視公民運動，主要受美國黑人民權運動影響。在論述上，他們把障礙者的社會隔離和黑白隔離做類比。以倡議標語為例：「黑人為了要坐公車的前座而抗爭，我們卻為了要能坐上公車而抗爭」，就很清楚的把障礙者的隔離和種族隔離做類比。

美國 1973 的復健法案，在法律地位上將視障礙者視為少數族群，其中的第 504 條反歧視條款，規定接受聯邦政府經費的所有機關不得歧視障礙者，而建築物的環境障礙都被視為是對障礙者的歧視。1977 年卡特政府上台後，認為復健法第 504 條要求「所有接受聯邦政府補助的機關、場所，都

都不得歧視障礙者」，其中無障礙環境的改造將會造成龐大的財政負擔，因此打算修改該法案，而這卻促成有史以來最大規模的障礙者團體結盟與抗爭。障礙者倡議團體在華盛頓特區占領美國健康、教育與福利主席的辦公室 28 小時，更在舊金山占領健康、教育與福利辦公大樓 25 天。

這次的抗爭也促成了跨障別障礙文化的興起。在封鎖線內的某次跨障別聚會分享中，某位障礙者談到：「我一直以為我知道我想要什麼。我希望變得美麗，不要有殘障。但是，現在，我是美麗的，我們都感覺自己是美麗的、有力量的，不論我們是智能障礙者、視障者還是聾人。大家走出來，都感覺我們全是美麗的、有力量的、強大的，我們是重要的。」此段話，一方面說出了某種無奈，也就是過去的社會希望把障礙者治癒成為「正常人」的無奈，但同時也是開始肯定自己的障礙身分，邁向創造障礙文化的可能。

在 1970 年代之後，障礙者文化、障礙驕傲（Disability pride）、障礙藝術（Disability Art）逐漸在世界各地不同領域中展開。自立生活運動的倡議者布朗（Steven Brown）更創立障礙文化中心，認為障礙文化是：「障礙者已經形成群體的認同。我們共享受壓迫的歷史以及抵抗的歷史。從我們與障礙共存的生命經驗中，我們產生藝術、音樂、文學，以及其他表現我們的生活方式與文化的展現方式。更重要的是，我們以身為障礙者為榮。我們驕傲的宣稱，障礙是我們認同的一部分。我們知道我們是誰，我們是障礙者。」

在障礙文化的框架之下，聾人文化的倡議者指出，聾不是一種障礙，是一種文化，聾人是被壓迫的使用手語的少數族群。1988 年美國著名的聾人學校（Gallaudet University）出現聾人治聾校的抗爭，後來學生迫使學校董事會選出聾人校長。美國手語在美國的許多州已經是被正式承認為正式課程可以選修的第二語言。聾人文化可以說是從多元文化觀點理解障礙文化最成功的例子。

傳統上，社會多以慈善、愛心的思考來對待障礙者，認為社會對障礙者的支持是對少數弱勢群體的施捨。然而，以障礙者權利的觀點出發，國家應該針對障礙者的差異提供不同支持才能達到平等的結果。以「博愛座」為例，英文是 priority seat，可以翻為優先席，美國有些地鐵的優先席會特別說明「根據法律，前面的座位必須讓位給老年人或是障礙者」。日本高鐵也翻為優先席，理由是障礙者或老年人的不同生理差異，因此不會有逆向歧視的指控。這和台灣「博愛座」的思考邏輯很不同。

障礙者的文化資訊權

台灣障礙者面臨的歧視是多面向的，過去對障礙者權利的倡議多放在健康、照顧等生存權，文化資訊權經常被忽略。聯合國於 2006 年 12 月 13 日通過身心障礙者權利公約，在第 30 條就明訂：國家應該採取一切適當的措施，讓身心障礙者有權利跟其他人一樣，在平等基礎上參與文化生活。

文化資訊權看似微不足道，影響的層面卻是廣泛的。例如行動不便者無法進入文化藝術展演場所，或是進入電影院只能被迫選擇第一排「仰天折頸」，或最後一排，從其他觀眾頭頂細縫間看電影。聾人在面對國家緊急事件（如颱風、海嘯）時，如果電視沒有提供同步的手語翻譯或是字幕，可能會危害聾人的生命安全。如果沒有手語的師資與諮商師，聽障者在特教學校受到霸凌或性侵，會難以請求適切的協助。視障學生如果沒有及時的點字課本或是盲用電腦，在一般學校可能無法接受完全的教育，以致於無法和一般人一樣在職場上競爭。在就業上，他們除了按摩外，也不容易找到其他工作。智能障礙者或者老人，常無法理解複雜且充滿專有名詞的健康照顧與服務資訊，使得服務無人使用，甚至產生醫療糾紛。

為什麼文化資訊權是必要的？障礙者在台灣的社會文化理解中，一直是社會的依賴者，福利提供的對象。然而，障礙研究的先驅奧利佛（Michael Oliver）就指出，障礙者之所以變成福利體制的依賴者，根本是國家體制製造出來的。當社會構成的障礙讓障礙者無法和其他人一般參與社會時，障礙者就只能成為福利依賴者。換言之，障礙者變成福利依賴者，是障礙者的基本權利被剝奪的後果。

障礙是每個人都會面臨的狀態：
從同志成家權到障礙者權利

同志平權與障礙者平權議題，有相同，也有不同。同志成家面臨更多的是倫理、意識型態的歧視與排斥。障礙者平權運動雖然比較容易得到道德上的支持，卻更容易碰到實際資源分配不足的問題。再者，家庭是當代社會的重要組織，因此同志不希望因為同志身分而被排除成家的權利，但家庭對障礙者來說是複雜而多面的。

對許多障礙者來說，特別是心智障礙者與精神障礙者，家屬的代言是倡議上不可或缺的一部分；另一方面，在強調家庭責任的台灣福利體制之下，缺乏保障個人權利的障礙者支持體系，障礙者的生活一直是家庭的責任。實務上，我們看到家庭的過度保護，有可能成為阻礙障礙者自立的枷鎖，例如以保護之名與照顧方便之名，無視於障礙者的意願而將其絕育，甚至有障礙者家長因不堪長期照顧的壓力，而虐待障礙者或是選擇一起自殺，也有家長領了障礙者津貼，卻沒有盡到照顧之責。當我們支持同志成家的權利時，也該想想，我們是不是賦予家庭太多責任與義務，而忽略了國家的責任。由此來看，目前多元成家的推動，似乎應該對台灣現行體制下家庭的權利與義務，有更多更細緻的討論。

障礙研究先驅左拉（IrvingZola）提出普同化原則，並指出，「障礙是每個人都會面臨的狀態，只是發生的時間點不同而已。」特別是高齡社會即將來臨，聽力、視力、行動功能、智能的損傷將不再是少數人面臨的問題，而是每個人及家人都可能面臨的狀態。一些人常以多數利益之名，而認為犧牲少數是必要之惡，卻沒看到每個人都會成為少數。因此，當我們在討論歧視時，不應該只是口頭上的接受與不排斥，而是深入的檢討制度性歧視的社會排除效果，才是真正的反歧視。

你有過動症嗎？

過動症嗎？

看你住在哪個國家而定

曾凡慈 輔仁大學社會學系

然而如果我們輕易地把不符合社會規範的行為視為「疾病」，理所當然就會把問題的來源與處理都放在個人身上，但實際上這些行為的根源，也許是其他社會因素。

過動症，被認為是兒童中最常見的精神疾患，它的發現與處遇是一段充滿變化的醫學與歷史社會過程。從這個疾病在美國的發展過程來看，雖然是直到 1957 年才形成「過動性衝動症」（hyperkinetic impulse disorder）的特定診斷類別，但

ADHD

事實上，醫療專業者很早就一直試圖把極度好動、注意力短暫、情緒起伏、攻擊行為、與他人起衝突、無法遵守規則、在課堂靜不下來等行為特質，視為某種「症狀」，還一度認為是「輕度腦傷」（minimal brain damage）所致（後來因為始終無法找到確切的器質性損傷而放棄）。根據醫療社會學者康拉德（Peter Conrad）的研究，過動症之所以在 1960 年代美國逐漸引發重視，並成為最普遍的兒童精神疾病，很大程度與過動症藥物利他能（Ritalin）與 Dexedrine（右旋安非他命）上市並被批准用於兒童，後續藥廠大量行銷、促使醫師診斷與治療過動症有關。而民間團體，特別是由家長組成的學習障礙兒童協會更是重要推手，有系統地將大量過動症相關資訊傳入校園當中，推動教師的警覺，進而將過動症納入學習障礙的類別中。

作為醫療社會學者長期關注的重要案例，過動症的治療經常被認為是藉由醫療手段來對孩子的偏差行為進行社會控制。這樣的醫療處置雖然有助於去除汙名（不是壞孩子，只是生病的孩子），然而，如果我們輕易地把不符合社會規範的行為視為「疾病」，理所當然就會把問題的來源與處理都放在個人身上，但實際上這些行為的根源也許是其他社會因素，例如家庭壓力、孩子對學校生活的適應、課程規畫與安排重認知而輕體能、老師教學方式不能兼顧特定孩子的需求等等。將過動行為「疾病化」，會限縮其他層次的處置策略，例如集體層次的課程改革、彈性施教，個別層次的家庭介入等等。易言之，醫療只變成規訓孩子違常行為的方便手段，而相對輕忽促使孩子形成過動反應的根本肇因。無論孩子顯現出來的過動行為是否真由某種生物機制所造成，或者更進一步，可能是特定的社會環境與互動影響孩子產生特定的生物機制，那麼，以用藥來快速解決的訴求，就會產生「去政治」的後果。

不同的診斷系統，不同的疾病地位：
歐洲與美國

　　雖然精神醫學成為認知與處理兒童過動行為的權威知識，但所謂「現代醫學」亦非同質的整體，不同國家的診斷系統都有若干差異，同一種身心狀態在不同系統當中會有不一的疾病地位，或同一種疾病診斷類目，也可能隨著系統而有不同的診斷要件。特別是精神疾病不像其他生物性疾病那樣有具體病灶或明確致病機轉，對於疾病的本體論、認識論與方法論都還處於不斷演變的過程中，包括美國精神醫學會出版的《精神疾病診斷手冊》（The Diagnostic and Statistical Manual of Mental Disorders，簡稱 DSM）與世界衛生組織制定的「國際疾病與相關健康問題統計分類」（International Statistical Classification of Diseases and Related Health Problems，簡稱 ICD），兩大系統自建立以來也都還在持續改版。而台灣精神醫學界則是普遍以美國的 DSM 系統為臨床與研究上的參照依據。

　　根據目前的 DSM-V，過動症臨床診斷準則是下面兩個分量表當中**至少一個表**出現六種以上的症狀（並據以分為「注意力不足型」、「過動／衝動型」，與兩個表都達到六項以上的「混合型」），且頻率與嚴重度高於同齡兒童並持續六個月以上；另外也要求這些症狀必須在十二歲以前出現，不但顯現在兩個場合以上（如學校與家中），也影響孩子的社交能力與學業成就。

　　不過，如果對照另一個診斷系統 ICD-10，則會發現雖然同樣是以注意力不足、過動、衝動等行為表現為判別過動症的依據，但相較於 DSM-V 採取「或／且」的判準，ICD-10 則要求必須「都有」，意即**同時**包含缺乏注意力與過動的症狀（即 DSM-IV-R 中的混合型），才能鑑別為過動症。由此可見，**主要使用於歐陸地區的 ICD-10，比起美系的 DSM，對於過動兒童的認定採取更限制性的定義，這也使得過動症**

注意力不足的症狀

1.	無法注意到小細節，或因粗心大意而使學校功課、工作或其他活動發生錯誤。
2.	在工作中或遊戲活動中無法持續維持注意力。
3.	和別人說話時，聽而不聞。
4.	無法完成老師或家長交辦事務，包括學校課業、家事等（非故意違抗或因不了解而無法完成交代的工作）。
5.	缺乏組織能力。
6.	常逃避、不喜歡或逃避需持續使用腦力的工作，如：學校工作或家庭作業。
7.	容易遺失或忘記攜帶工作或遊戲所需的東西，如：玩具、鉛筆、書等。
8.	容易被外界刺激所吸引。
9.	容易忘記每日常規活動，需大人時常提醒。

過動／衝動的症狀

1.	在座位上無法安靜坐著，身體扭來扭去。
2.	在課堂中常離席、坐不住。
3.	在教室或活動場合中不適宜地跑、跳及爬高等。
4.	無法安靜地參與遊戲及休閒活動。
5.	不停地動（很像發動的馬達）。
6.	話多（經常不間斷地持續說話）。
7.	問題尚未問完，便搶先答題。
8.	不能輪流等待（在需輪流的地方，無法耐心地等待）。
9.	常中斷或干擾其他人，如：插嘴或打斷別人的戲遊。

出處：台灣赤子心過動症協會（n.d.），注意力不足過動症家長手冊。台北：社團法人台灣赤子心過動症協會。頁 8。

ADHD

在歐洲成為相對少見且較為嚴重的疾患：根據 DSM-V，過動症在學齡兒童之間的盛行率約為 5%，但採取 ICD-10 診斷標準的話，過動症比率則只有 1.5%。我們可以從下圖清楚看見不同診斷系統下被認定為過動症的範圍有別：

ICD-10 與 DSM-IV-R
對過動症診斷要件的比較

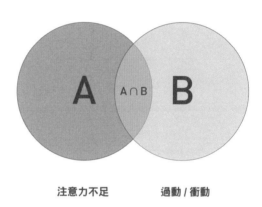

注意力不足　　　過動 / 衝動

怎樣才達到「異常」的標準？
DSM: A、B、A∩B
ICD：A∩B

過動症只是神經生物性的疾病？
法國醫師可能不同意

　　除了國際性的 ICD 之外，部分國家也發展出具有在地特色的診斷系統。根據醫療社會學者維利（Manuel Vallée）對法國與美國兒童及青少年精神疾病診斷系統的比較，法國精神醫學聯合會一直謹守自佛洛伊德、拉崗以降的精神分析傳

統，認為 DSM 系統過於簡化並且不適合法國的獨特脈絡，因此在 1983 年建立了自己的分類系統（Classification Française des Troubles Mentaux de L'Enfant et de L'Adolescent，簡稱 CFTMEA）來抵禦 DSM 的國際影響力。但法國精神醫學界並非拒絕精神疾病的生物取向（法國事實上是歐洲最主要的精神藥物消費國家之一），而只是拒斥生物化約主義，從而發展出結合了精神分析、現象學與精神藥物學的替代性折衷策略。

　　與 DSM 最主要的差異在於，CFTMEA 認為所謂「症狀」是心理過程功能失常的顯現，而非只具生物意義，醫師有責任去揭露與理解潛在的失序過程，以確認產生症狀的根本因素（相對上，DSM 首重辨識與分類症狀，符合規定要件就可以診斷）。特別是關於過動症，診斷準則還要求醫師注意所謂「過度」的行為以孩子的年齡而言可能是「適當」的，同時也要考慮病因學與指認「環境相關因素」，例如「情緒、教育、社會與文化缺失、不良對待與忽略」。CFTMEA 取向的醫師，關心的也不是疾病本身，而是病人的整體、個別獨特性與生命史。尤其在處理兒童的精神疾患時，心理社會觀點一直居於優勢地位。維利認為，正是這種診斷體系與實作，解釋了何以在法國只有較少的孩子符合過動症的診斷，而法國系統所採取的全人觀點，也促進跨科際的治療取向。精神藥物只是其中一種處置策略，且經常被視為最後的選擇。據稱法國兒童使用過動藥物的比率只有 0.05%。[1]

結論：
對孩子的過動行為更全面的理解與處遇策略

　　近年來，對於兒童過動症的診斷與治療，成為台灣社會高度爭論的重要議題。從健保資料的統計來看，18 歲以下投保人口的過動症發生率從 1997 年到 2005 年增加 13 倍，

其中開以中樞神經興奮劑藥物的比率也從 39.6% 提升到 54%。[2] 從社會學的觀點來檢視當今社會盛行的過動症，並非主張過動症是社會建構的產物，或否認過動症的生物病理基礎，而是希望揭示精神疾病的地位經常牽涉到特定社會對於人們應扮演何種角色、具有何種行止的規範性期待。對於許多不會直接造成身心苦痛的疾病而言，往往是社會對於常規界定的寬緊，以及對於違常行為的容忍程度，決定了患者是否受苦，而非患者本身的生物性差異所導致。設想一個孩子因大腦多巴胺傳導異常而產生過動行為，但卻因為身在開放或封閉的學習環境而得到不同的評價與回應，就足以釐清這種受苦的本質。而醫療挾帶著科學醫學權威，使得我們傾向於生物性解釋，從而限縮了對所謂「生物－社會－心理」致病模型中其他面向的關切與介入，同時促進了以藥物來控制症狀、改善個體行為表現的治療選擇。

而藉由提出、比較不同的診斷系統，我們能更進一步反省精神疾病「舉世皆然」的生物普同性預設，將每一套看似普世科學的診斷標準都當成地方知識，檢視特定的疾病類別是如何萌生在特定生理條件與在地意義系統的交互作用中。無論是以 DSM，ICD 或是 CFTMEA 來認識與處理過動行為，每一套診斷系統都不是絕對真理，生物病理與相對應的治療更非思考與回應孩子違常問題的唯一方式，因為後者經常涉及意義與價值取捨，關乎我們期待（或者接受）一個孩子是什麼樣子，擁有多少程度的自由，以及有多少空間去犯錯。唯有真正意識到生物醫學模式的「能」與「不能」，各種專業者才可能真正合作，為孩子的需求發展出完整的協力照顧模式。

注 1：維利的研究隱含著法國的診斷系統與對兒童過動行為的處置優於美國的判斷。但法國的精神醫療實作也持續受到內部挑戰，特別是對於（美國系統中）過動症與亞斯柏格症的低度診斷。其他研究者也發現，當採取 DSM 的診斷標準，法國小孩罹患 ADHD 的盛行率與美國兒童相似 (Lecendreux, M., Konofal, E. and S. V. Faraone, 2011, Prevalence of Attention Deficit Hyperactivity Disorder and Associated Features Among Children in France. *Journal of Attention Disorders* 15: 516-524)。

注 2：Chien, I-Chia, Ching-Heng Lin, Yiing-Jenq Chou and Pesus Chou. 2012. "Prevalence, Incidence, and Stimulant Use of Attention-Deficit Hyperactivity Disorder in Taiwan, 1996-2005: A National Population-Based Study." *Social Psychiatry & Psychiatric Epidemiology* 47(12):1885-90.

戴伯芬 輔大社會學系

在巷子口碰見「街友」

你心目中的街友還是那一身襤褸、充滿酒氣的乞食者嗎？現在許多街友已經不再是街友，他們可能穿梭於城市遊蕩，有時步行，有時騎車，甚至衣著整潔，參與遊民會報，最近更化身為城市導覽員，帶大家用不同眼光觀看城市。

對於街友的印象是不是還停留在過去骯髒、不修邊幅的流浪漢？或者是吃不飽、穿不暖的乞丐？抑或是各種雞鳴狗盜、性犯罪的高危險群？媒體不僅是製造遊民汙名意象的來

homeless

源，也是顛覆汙名的武器。2010 年二月，大陸浙江寧波蜂鳥攝影社區屠姓成員，在試相機時無意間拍攝到一組街頭照片，隨後以「秒殺宇內究極華麗第一極品路人帥哥！帥到刺瞎你的狗眼！求親們人肉詳細資料」為題貼文，[1]引起鄉民瘋狂轉載討論，獲得「犀利哥」之名，有人認為他的潮樣酷似精品 D&G 男裝滑雪系列，有人認為他絕對不輸藤原浩之流，也有人認為他比港星梁朝偉還要憂鬱，還有人做了一首犀利哥之歌，連香港導演杜琪峰都表示對這位「極品乞丐」的故事有興趣。

遊民意象：
犀利哥到化身博士（Dr Jekyll and Mr Hyde）

　　犀利哥原名程國榮，江西鄱陽人，三十餘歲，已婚並育有兩個孩子，家境貧苦，兩年前，父親和妻子皆因車禍不幸亡故。據說他有輕微的精神疾病，多年前離家打工之後失聯。網路爆紅的犀利哥以「潮」而獲得時裝服飾廠商的青睞，但是卻在大批媒體包圍下當眾嚇哭。之後，他在母親和弟弟陪同下返回闊別十年的家鄉，受到江西鄱陽縣老虎山村鄉親父老的夾道歡迎，未見如此陣仗的他不僅顯得手足無措，甚至還躲在棉被中發抖，直嚷「好害怕！」[2]犀利哥與眾人眼中乞丐王子的意象實在相去太遠。

　　把日據初期遣返大陸的羅漢腳照片，與在大陸造成轟動的犀利哥對比，還真有幾分神似，都是屬於「造型獨特、不倫不類、眼神憂鬱、表情冷峻」，甚至連笑時缺了牙的嘴都像。造型獨特、不倫不類，是因為無法梳洗、隨機選擇二手衣物混搭的非預期結果；眼神憂鬱、表情冷峻，想是因為失去工作尊嚴、缺乏親密關係支持的人際疏離所造成的影響。當然，以貌取人的媒體可沒時間深究犀利哥為何看來如此瀟

灑不羈。

　　大多數人對於街友的印象，大抵來自媒體獵奇式的報導，或者是遊民的街頭展演，容易混淆了新潮與老土、冷酷與懦弱。臺灣現今社會中的街友當然絕大多數不是帥氣逼人的犀利哥，但別以為街友都不重視形象，在臺灣豐裕的二手衣物中，街友要穿出自身品味綽綽有餘。由於牧師要求教友「不要把自己不想要的衣服送來」，教會收到捐贈的二手衣也都整理過，像樣的才讓街友挑選，所以很多二手衣物都跟新的一樣，當然也不乏名牌。教友聊天時也常聊到衣服，有些街友很重視形象，領取的衣物會當場試穿，連樣式、顏色都很講究，當然也有人很隨興，像是男性街友穿著女性的豹紋裝，完全符合不倫不類的混搭風格。

　　拜善心捐贈二手衣物的民眾之賜，街友現在可以透過變裝而隱身，成為城市漫遊者。某位臺北市政府社會局官員在遊民會報時提到他經歷的窘境：

> 現在遊民都讓你看不出來是遊民，有一次開會時，我以為身邊某位穿內衣 T 恤的鄰長是遊民，還在奇怪為什麼他一直批評遊民，結果是一旁穿著襯衫坐著的那位才是遊民。

　　教會的街友比較像是化身博士，在日與夜、善與惡之間有著截然不同的面貌。街友大多數是男性，主要是身心障礙者或老人，但近來年輕街友有增加的趨勢，女性的比率也不低（田野調查大約 15%）。如果高齡或身心障礙者成為街友主要是因為社會結構，包括就業市場的弱勢或家庭的遺棄，年輕街友則被視為脫離社會規範的「偏差者」，如同犀利哥，具有特立獨行的特質，但缺乏那種媒體包裝宣揚的外貌。而女性街友身心障礙與高齡化的比率高，某教會甚至有男性街友不客氣地當面指出女性教友全都「不正常」，也有男性教

友排斥從事過性交易的女性街友參與教會活動，該教會因此為女性教友另闢聚會時間，最後獨立成為新教會。

發現羅漢腳：人口論

街友的成因眾說紛紜，回到歷史中找答案。早在清代即有所謂的「羅漢腳」一詞，為臺灣對無業遊民之稱。羅漢（arhant）一詞為梵語，借自佛教，字面意思為「超越死亡」或「不死」，在詞源中代表「比丘修行得道者，地位之於菩薩」。腳在閩南話中則是人物或角色之意，形容無業遊民如同佛教中的羅漢居無定所、遊移四方。羅漢腳是缺乏住宅、無業無家的男性流動人口，為臺灣移民社會中男性勞動力之寫照。

由於清朝實施海禁政策，不准官員與移民攜眷過臺，因此羅漢腳成了臺灣移民社會的必然產物。清初漢人文官多站在維持治安的立場，視移民為潛在有害秩序的遊民，主張應嚴加懲治。

至於臺灣遊民的成因，乾隆十三年（1748）閩浙總督喀爾吉善明白指出：「天之生人無窮，地之產穀有限，以有盡應無窮，未有不見日少而日貴者。」這個看法十分類似1802年西方著名人口學者馬爾薩斯的人口論，但卻早了五十年，可見得清代官員對於臺灣移民成因已經有很深刻的見解。

不過，這個看法並未受乾隆皇帝認同。乾隆三十三年（1768）黃教案爆發，竊賊黃教聚眾二百餘人，在岡山豎旗、焚殺汛兵，擾攘官府半年有餘，引起乾隆皇帝震怒，不但撤查失職官員，且諭示閩臺文武官員羅漢腳為害，此後各級文官揣測聖意，莫不添油加醋，強調羅漢腳的凶惡與禍患，羅漢腳成為動亂來源的代名詞。

臺灣民間社會具有複雜的羅漢腳情結，一方面害怕憎惡

遊民，認為「交官窮、交鬼死；交羅漢，呷了米」，不值得與羅漢腳往來；另一方面也同情支持遊民，如臺灣俗諺中的「乞食伴羅漢，有路無厝、病無藥，死無蓆、死無人哭」，說明移民男性孤身赴臺墾殖的處境，而同鄉移民除了結拜、入會結社，建立神明會、父母會等互助團體之外，也興建屬壇、祠廟或義塚來處理客死他鄉的遊民，甚至還用太平船運送死者骸骨回鄉。

資本論到消費論

　　進入現代社會，馬克思主義對當代資本主義社會的遊民提供了新的解釋。遊民被視為資本主義下貧困潦倒的底層階級、正式勞動市場的產業後備軍，成為被剝削的弱勢團體。然而，隨著全球經濟再結構，工作成為資本主義的新難題，1998 年鮑曼（Zygmunt Bauman）以「新貧階級」來說明當代貧窮人口的特性，已經不再僅限於本身有缺陷或道德瑕疵者，而是肇因於經濟組織縮編的失業與低度就業者，「底層階級」包含原來的貧窮人口，以及各式被排除在經濟與道德範疇之外的社會群體。

　　教會中的街友多數屬於勞動市場中的弱勢群體，身心障礙、中高齡失業者不在少數，他們多半從事低薪、高風險、高勞動密度的非典型僱用。但是年輕街友的變異性頗大，像是謀職不順、創業失敗、家庭問題、情感因素衍生的新貧階級也不少，當然也有一些必須歸因於個人的放縱成癮，比如毒癮或酒癮。由於臺灣近年經濟不景氣，因此年輕街友有增加的趨勢。

　　隨著消費主義興起，貧窮不再只是單純的物質匱乏與身體苦楚，而是由消費美學興趣所誘發的被剝奪感，也形成異於中產階級的消費價值觀。多數街友收入不豐，無法滿足日

常生活的消費欲望，賺不夠花是他們共同面臨的困境，特別是工作不穩定，面對高不可攀的房價，難以支付日益高漲的租屋成本，也無法支應基本的日常生活開支。部分街友選擇放棄家以及成家的夢想，將成家的錢挪用於消費享樂，以天地為家，瀟灑過羅漢腳生活。男性街友相互遞菸、遞檳榔，一起喝酒，有些出手更闊綽，會請其他街友去星巴克喝咖啡，出入高級餐廳，所有勞動領域壓抑的苦悶都可藉由消費找到情緒出口。

向街友學習

二年以來，我從街友身上學到了不少城市求生祕笈，他們如數家珍地告訴我哪裡有免費的午餐或便當，哪裡可以領到新衣或紅包，什麼地方可以看電視、免費上網、吹冷氣，還收到他們分享的免費電影票。除了大眾熟習的乞丐意象，我看到他們變身在城市中搭便車、找資源的本事，也看到他們裝可憐、表演討生活的絕技。

「什麼都吃，就是不吃虧；什麼都要，就是不要臉。」一位街友嘻皮笑臉地告訴我他的生活哲學。街友世界是社會縮影，鏡射出人性最良善與最醜惡、人生最幸福與最悲慘、物欲最豐裕也最貧乏的矛盾。

注 1：維基百科，犀利哥
http://zh.wikipedia.org/zh-tw/%E7%8A%80%E5%88%A9%E5%93%A5

注 2：蘋果日報，2010 年 3 月 8 日，http://www.appledaily.com.tw/
appledaily/article/international/20100308/32345407

陳伯偉、游淑華　南華大學應用社會學系

社會學對
家暴男的讀心術

SLEEPING DOMESTIC
WITH VIOLENCE

刻板印象的運作不在於完全違背「事實」，而是將部分的事實，當作「唯一」的解釋，並決定什麼是我們應該注意與忽略的訊息，其目的乃是為了維持特定群體的純淨與優勢。

domestic
violence

讀心術，一直是魔術表演中很受歡迎的選項。魔術師不管是成功預測出現場觀眾心中的數字，或者是正確猜中觀眾手中撲克牌的數字與花色，總是能讓大家好奇是怎麼做到

的。那麼，社會學研究是否也可以用讀心術呢？

今年在上大一社會學時，我們跟學生誇下海口，即便事前沒有做任何溝通，也能猜中他們心中所想的畫面。為了增加噱頭，事先準備好兩年前其他學校學生的畫作，篤定待會他們在壁報紙上所畫的內容，將與我們手中的作品相去不遠。下圖是我們所準備的作品。

學生在半信半疑之下，畫出他們心中「家暴男」的形象，而我們也成功預測出學生的想法：男人會家暴，乃是因為他心智有問題、失業、屬於勞工階級，形象就如右頁圖。很神奇吧！不同學校、不同時間點，為何社會學的「讀心術」可以如此準確預測學生的想法呢？

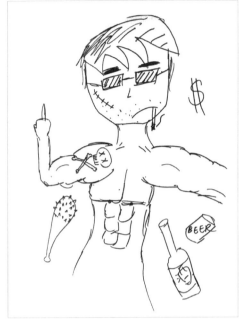

　　如果魔術師的「讀心術」是靠著細膩的手法與道具的輔助來擄獲人心，那麼，社會學家的「讀心術」則是透過「刻板印象」，來推測大眾對特定人事物的想法。換句話說，社會學家藉由刻板印象來解釋，為何即便大學生從未看過家暴男，仍可以清楚畫出單一鮮明的家暴男形象，認為他「一定是那個樣子」，就如同美國白人男性看見迎面而來手放在口袋裡的黑人男孩，便直覺認為他是危險分子，且懷疑他口袋可能藏有槍械或是毒品，就算對他開了槍，也只能算「正當防衛」。社會學的讀心術，讓我們看見主流社會對「他者」的想像。從美國社會對黑人男性的刻板印象，我們看見了種族的歧視與偏見；從台灣社會對家暴男的刻板印象，我們也看見了階級的不公凝視。

法界、學界對家暴男的讀心術

　　刻板印象的運作不在於完全違背「事實」，而是將部分的事實當作「唯一」的解釋，並決定什麼是我們應該注意與忽略的訊息，其目的乃是為了維持特定群體的純淨與優勢。譬如，異性戀、藥癮者以及男同志都屬於 HIV 感染的高危險群，但在新聞報導中，只有男同志成為 HIV 的代言人，且歸因於男同志喜愛雜交、開轟趴，將同志再度汙名化之際，不但讓公權力可以趁機介入管理「不良」的性實踐，也讓「正常」的異性戀與愛滋的汙名劃清界線，以便繼續享有自身在性階級上所享有的優越。

　　同樣地，家暴男的社經地位其實差異甚大，然而只有「失業或勞工階級」與「酗酒」被法官認定為主要特徵。法務部的相關刊物也建議相關專業人士應特別留意加害人（相對人）是否有「酗酒問題」，或因「失業或經濟上的危機，而處於高度壓力狀態下」。因此，男性家暴人常會抱怨法官在受理家暴時，好像只在乎「有沒有喝酒」、「有沒有工作」，似乎從這兩個問題，就能知道男人會不會家暴。甚至有犯罪研究學者將自身對勞工階級男性的文化偏見與不公想像（譬如勞工階級男性好喝酒、喜歡賭博、喜好模仿 A 片的性行為等），解釋成家暴的潛在危險因子，並視為中產階級專業人士在處理家暴上無法理解也難以跨越的鴻溝。然而，我們很少聽到中產階級家暴男的相關探討，這讓我們以為中產階級男性不會家暴，誤以為只有做工的男人才會打老婆。將家暴視為勞工階級男性才有的性別化偏差行為，其實也凸顯了中產階級男性的優越。

　　那麼，如果中產階級男性真打了老婆呢？那他很有可能就會被判「階級失格」，失去原本令人尊敬的階級特質。譬如，我們先前參與觀察家暴諮商成長團體，發現成員中曾擔任外商公司主管的高知識分子家暴男，因為熟悉中產階級諮

商專業人士所認可的「情緒管理」模式（包括善於控制負面情緒，與他人做到有效的溝通，不偏頗地陳述意見，並以自省的口吻為發言占去過多時間而感到抱歉，或及時糾正自己過於激動的表現），讓他在小團體裡如魚得水，深受其他男性成員的愛戴，甚至是輔導員的推崇，成為團體中的楷模。

然而，同樣的階級特質換了個場景，卻可能成為讓人詬病、嘲笑的把柄。例如，當這位中產階級家暴男在法院向檢察官解釋，他並非有意違反「遠離令」（不得於一百公尺內接近受害者），而只是必須回妻子家接小孩補習、繳大樓管理費時，檢察官卻認為這些解釋只是藉口，甚至在法庭上反諷地問：「你書念那麼多，怎麼連字都不會看嗎？」認定他身為高知識分子卻明知故犯，動機更加可疑。

中產階級家暴男一旦貼上家暴的罪名，就像去勢的公雞，淪為別人眼中的笑柄，而他的中產階級特質，也因家暴行徑，顯得格外諷刺，甚至從「資產」變成「負債」，被判定不是「真正」的中產階級，而是像不識字的人一樣無知。**透過否認中產階級家暴男性的階級正當性，我們看見優勢階級如何藉由「排外／壞條款」，繼續維持自身的純淨與優勢。**

可能反抗不公平的階級鄙視嗎？

在家暴團體諮商輔導過程中，勞動階級的家暴男性常能感受到不公平的階級審視，此時，他們並非全然接受，甚至會主動反擊，挑戰專業人士的說詞。譬如，心理師有一次在課堂上提醒做建築工的學員應該更加留意自己的穿著，原因是心理師認為「人的說話方式跟他的穿著很類似，如果穿著隨便，說話的態度也會跟著變得很隨便，因此容易與伴侶起口角、發生爭執。」

然而，其他成員對這樣的說法顯然不認同，甚至反諷

說：「○○○下次去工地上班，要記得穿西裝，才不會被告家暴。」「最好以後大家要多念唐詩三百首，學習罵人不帶髒字，就不會被告家暴。」以及「老師，我們雖然說沒念什麼書，但社會大學的文憑也念過好幾個，跟你說社會上很多讀書人都是『嘴念經，手摸奶，腳踏查某間』，都嘛是說一套做一套，這種人，才是真的讓人瞧不起……」顯然，學員在課堂上對專業人士的階級偏見並非無感，也會直接提出抗議，同時對知識分子趾高氣揚、「偽君子」的作風感到不屑，而學員反諷的口吻，也讓專業人士的建議聽起來格外不切實際。

除此之外，家暴男性也常覺得專家「天上飛」的建議欠缺常識：「老師講的都是那些天馬行空的大道理，什麼叫做遇到夫妻爭吵要學會轉念，改變心情，不要生氣，我們每天面對的都是柴米油鹽醬醋茶的問題，當我沒錢拿回家就被（老婆）念說『愛河沒加蓋，怎麼不直接跳下去算了』，在外面『做甲流汗，在家被嫌甲流瀾』，就算轉念轉到天昏地暗，問題還是沒解決，一點都不實際。」

雖然家暴男性能為自身所遭受的階級偏見提出反擊，但這也可能帶來一些負面的作用，給專業人士一個「再教育」這群不懂得控制自己脾氣的男人正當理由，從中也可看出階級反凝視的困境。每當新進學員在成長團體課堂上慷慨激昂地辯稱自己無辜、抱怨家暴法的種種不公時，「老學長」便會告誡他們要先冷靜下來，要學會情緒管理，因為曾經有學員在法庭上覺得自己備受委屈，情緒表現激動，忘了講話要修飾，讓法官覺得他真的有暴力傾向，原本只判十二週的課程，一爭辯就被判廿四週。

心靈不相遇的家暴心理治療

現階段政府培訓處理家暴相關人士課程，強調「加害人」的「病態」人格，認為男人會家暴，乃是人格有問題，結果是「治療」家暴男的工作通常都落入醫院的男性精神科醫師或法院系統安排的臨床心理師之手。

如果在諮商過程中只將情緒管理不良視為人格缺失，不但漠視心理諮商乃是中產階級利用自身所熟悉的語言，提倡自身高人一等的（階級）價值，也忽略良好的情緒管理，乃是屬於中產階級的特質。能夠有效「管理」負面的情緒，在遇到困難時冷靜面對，不受影響，從容不迫地處理問題，是擁有許多成功經驗方能練出的技能。能夠與人做出「良好」、有效的溝通，背後需要（語言與文化）資本的支持。因此，以心理諮商的衡量標準，中產階級便容易成為情緒管理的模範生。反觀工人階級，常被中產階級認為心理層次貧乏，不具備成功管理情緒的能力。當我們用情緒管理的能力來決定人格特質的好／壞時，也就將不平等的社會關係所造成的差異，歸咎為個人個性、能力的缺失，除了漠視背後的結構困境之外，也忽略了需要更進一步挑戰在這看似「階級中立」的諮商過程中，「情緒管理」如何成為中產階級價值的委婉代名詞。

蕃仔、外勞與阿兜仔

種族主義的社會學

藍佩嘉 台灣大學社會系

處於半邊陲的台灣人，在抬頭仰望白皮膚的「優越他者」的同時，複製了殖民之眼的凝視，低頭蔑視膚色更深的「低劣他者」。

racism

我上課的時候會問學生以下問題：「請問歐巴馬的種族是？一：黑人／非裔美人；二：白人；三：印尼人。」大多數的同學露出「老師，這問題太簡單了吧」的表情回答：「答案當然是一」，少數反骨同學懷著「其中必有詐」的揣測說

是二。曾經有一位很兩光的同學說是三，誤以為歐巴馬在印尼出生。偶爾會有人舉手問：「可以有混血（mixed）的選項嗎？」

沒錯，歐巴馬是黑白混血，爸爸來自肯亞，媽媽是美國白人。那麼，為什麼人們，包括媒體，都理所當然地將他分類為黑人？這個謎題揭露了種族不是客觀、本質性的生物分類，而是歷史建構的、簡化的社會分類。

歐巴馬被「種族化」了

讓我來解釋一下，為什麼歐巴馬被「社會建構」為黑人。首先，我們習於從父親來界定子女的族群身分，這反映出父系優先的親族秩序及家庭內的性別權力。那麼，如果歐巴馬的父母倒過來，變成白人爸爸、黑人媽媽的組合，他是不是就會被界定為白人？我想也不會，原因在於黑白的種族分類不是平行的類別，而是階層的高低。美國在黑奴時代曾用「一滴血法則」（one-drop rule）來界定人民的種族，只要基因庫裡有非白人的血統，就不能被認定為白人。當時許多白人領主與黑人女傭生下的孩子，都不會依父系原則被認定為白人，而是按照一滴血法則被歸類為有色人種。越強勢的族群，越有權力畫定與捍衛界線，以保障特權與資源。

其實，膚色等外形差異是連續分布的光譜（比方說，黑中帶白、白中帶黑），然而，社會建構的種族分類卻是互斥甚至二分（非黑即白），其間的界線不容踰越或混淆。牙買加的文化理論大師霍爾（Stuart Hall）說過：「我在英國變成了黑人。」他的母國有著複雜的殖民與移民的歷史，當地人民依據膚色的深淺、血統的混雜，而有十多種細緻的分類，到了英國留學後，人們卻只喊他「黑人」，從此烙上被歧視的他者身分。

「種族」作為一個名詞，產生的「社會誤認」效果是，讓人們以為種族分類是客觀的，既然被視為「自然」的事實，那就不可改變、無庸置疑，也強化人們對越界通婚或混種後代的恐懼。當今的社會學界轉而使用「種族化」的概念，藉由動名詞來強調種族區分其實是社會建構的歷史過程。更確切地說，種族化的過程標舉出某一族群在生物或文化上的與眾不同，這樣的族群差異被本質化、自然化，不僅忽略了該群體內部的異質性，也放大了該群體與其他群體之間的界線鴻溝。把族群性看成不變的本質（並且有高下之分），忽略背後的社會建構與權力關係，這樣的想法與做法，就是「種族主義」。

台灣有種族主義嗎？

你或許在想：台灣有種族主義嗎？且讓我說一個故事。

湯英伸是在阿里山部落長大的鄒族孩子。他曾經就讀嘉義師專，但無法適應學校的軍訓文化而休學。1986 年，時年十八歲的他到台北一家洗衣店打工，九天後竟殺害了雇主一家三口。根據周遭同學所述，湯英伸是純良的山地青年，為什麼他才到都市短短幾天，就變成殺人凶手？因為他受到仲介業者的欺騙與敲詐，雇主強制他每天工作十七小時以上，不時羞辱他是「蕃仔」。湯英伸想要辭職，卻被雇主扣留身分證，不僅沒領到工資，還要被扣留押金，最後他情緒失控犯下罪行，雖然社會各界呼籲槍下留人，湯英伸終究成為台灣最年輕的死刑犯。

在我成長的 1980 年代，原住民仍是一個族群的汙名。上電視參加歌唱比賽的高金素梅只說自己是姓金的外省子弟，以此掩飾母親的泰雅族背景。原住民的資源分配與社會地位至今已有一定程度的改善，尤其在特定的場域，如歌唱

與運動，原住民的表現更甚漢人，雖然這也成為新的種族刻板印象。在「新台灣人」國族認同的打造過程中，原住民被納入「四大族群」的論述中，甚至在象徵的層次上取得代表性位置，比方說，國際參訪的台灣團，多透過原住民服飾與文化來凸顯台灣與中國的差異。然而，原住民的核心地位僅僅停留在象徵的層次，在日常生活中，仍然得奮力面對社會空間與文化權力的邊緣化，並時時對抗隱形的種族歧視。原住民舞者布拉瑞揚在 2013 年租房子時，房東在電話裡問他：「你是原住民嗎？」布拉瑞揚歡喜地回答是，對方隨即說「我不租給原住民」，之後便掛掉電話。

我在進行外勞研究時重讀湯英伸的故事，驚訝地發現他的遭遇與外勞有許多類似之處：被仲介剝削、被雇主控制、被視為野蠻人、扣留護照與押金、不自由的勞工。隨著原住民被納入「新台灣人」的內涵之中，外勞與外籍配偶也成為「新的種族他者」，淪為社會歧視與經濟剝削的主要對象。

儘管「多元文化」已經在台灣成為響亮口號，但族群歧視仍是隱晦的社會事實。聯合報 2012 年底的調查，以「婚嫁」來測量民眾對於不同族群的接受度。調查顯示，若有正

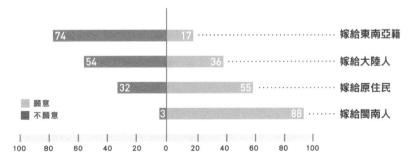

台灣人對女兒通婚對象的接受度

	不願意	願意	
嫁給東南亞籍	74	17	
嫁給大陸人	54	36	
嫁給原住民	32	55	
嫁給閩南人	3	88	

■ 願意
■ 不願意

值適婚年齡的女兒，有三成民眾不希望女兒嫁給原住民，七成以上的民眾不希望女兒和東南亞人士通婚。

低劣的種族他者

　　隨著國際遷移的頻繁與擴大，外國人（政治文化社群的外來者）經常成為種族化的主要目標。然而，並非所有移民都面臨同樣程度或形態的種族化。比方說，法國右派人士主張管制移民，他們口中的移民通常是膚色深的阿爾及利亞人，而非實際上人數較多的葡萄牙人。這樣的現象呈現出某些群體被認為具有歷史或文化上的親近性，可以變成「我們」的一部分，而其他群體被標舉出有根本差異，是不可同化的永遠「他者」。

　　種族同質性相對高的台灣社會，在 1990 年代初開放東南亞外勞之際，曾出現相當的焦慮與恐慌。台灣的社會新聞及台灣民眾一方面把外勞母國的經濟弱勢歸咎於基因、氣候等「不可逆轉」的因素，如有台灣雇主把菲傭的偷竊解釋為菲律賓人是「海盜的後裔」，或認為這些國家的低度發展，實源於熱帶地區的人太過懶惰。另一方面，這些國家的經濟弱勢又被認為會導致人民在品格與習性上「難以避免」的缺陷，例如，女性移工被污名化為進行「假打工，真賣淫」，會為了逃脫貧窮而出賣肉體。地方新聞也屢屢報導荔枝被偷採、雞禽豬隻遭竊的事件，在沒有證據的情況下，遭竊的農民往往指控或暗示外勞為嫌疑犯，認為這麼便宜的東西只有外勞才會偷。

　　2013 年 5 月發生的菲律賓警衛隊槍擊台灣廣達興漁民事件，不僅引起台灣與菲律賓政府的對立與緊張，愛國主義的情緒發酵更挑起了台灣社會種族歧視的神經。菲律賓移工與移民在「捍衛國族尊嚴」的氣氛中遭受池魚之殃，各地傳來

零星但駭人的歧視事件，如彰化有市場店家發起拒賣菲律賓人運動，張貼「我家的豬肉不給『非人』吃，請不要槍殺我」標語，也有因打工或婚姻來台的菲律賓人在街上被毆打或遭辱罵。

在這些事件中，我們看到「種族化」的運作邏輯：其一，菲律賓人被概括為一個同質的群體，把開槍的警衛與買菜的菲傭混為一談；其二，菲律賓人的民族性被本質化為「野蠻的海盜後代」，所以「非人」的對待之道可以被合理化；最後，基於「低劣的種族他者」的預設，台灣政府與民間認為菲律賓政府的道歉「誠意不足」或者「姿態過高」，這也反映出台灣在世界體系中不高不低，又身為非常態國家的集體焦慮。

優越的種族他者

台灣的恐外論述指向東南亞社群，但台灣人鮮少對日本、歐洲、北美的移民產生類似的焦慮。台灣媒體多將淡膚色的白領移工稱為「外籍人士」，「外勞」的說法僅指涉東南亞藍領移工，彷彿只有前者才具有完整而立體的人格，而後者卻被化約為單向度的勞動力。

我曾經訪談了近二十位居住在台灣的西方移民，他們大多都感受到台灣人的熱情好客，但也意識到自己身為外國人無時無地都受到異樣眼光。不同於在台的東南亞外勞，白人的他者身分往往可轉換為禮遇與特權，例如，在郵局或銀行可以得到優先服務、逛街時店員主動奉上 VIP 卡等。訪談中最常提到的就是摩托車與警察的故事，尤其是教英文的老外，由於沒有台灣的駕照，經常發生類似以下 Frank 口述的遭遇：

有一次我們被警察攔下來，我老婆就說，這駕照是紐約的，紐約的駕照是國際駕照，全世界都通用。現場有兩個警察，一個說：「欸，我沒聽過。」另一個回說：「吼，你沒聽過喔？」有時候，我被攔下來我老婆不在，因為我不會說中文，警察就得跟我說英文，他們很挫折，只好比手勢說「Go, Go, Go」，因為他們沒辦法跟你溝通，他們覺得很尷尬。

如果台灣警察攔下的是騎摩托車的泰勞，他是否會對自己不會說泰文感到汗顏？或相信曼谷的駕照是全世界通用？處於半邊陲的台灣人，在抬頭仰望白皮膚的「優越他者」的同時，複製了殖民之眼的凝視，低頭蔑視膚色更深的「低劣他者」。

改變結構從行動開始

你也許在想，這樣的社會學的分析，可以告訴我們如何改變社會嗎？尤其是，當你說種族主義是如此龐大的結構體制，渺小的個人又如何撼動？

結構性的問題確實沒有急就章的解決之道，但不要忘記社會學理論所提醒我們的：如果結構是一面高牆，其中的一塊塊磚頭是透過個人的日常行動所持續打造而成，換言之，我們的行動並非外在於結構，或單純受結構所制約，我們的行動參與了結構的再製，因而也蘊含改變結構的可能。我們在日常生活中可以更反思地避免種族化刻板印象的再製，比方說，在街上看到菲律賓人，不要馬上假定她是來台灣做幫傭；在小吃店遇到越南人，不要劈頭就問她什麼時候嫁來台灣；在火車站碰到外勞節慶擠滿了人，眉頭緊縮抱怨不方便時，設身處地想一想，他們不只是勞動力，也和你一樣，需

要放假、休閒、社交；你在海港邊碰到印尼船工，身體下意識地保持距離時，檢視你腦中浮現的形象是什麼？想一想，他們也是別人的兄弟、父親、愛人。

我二十年前學德文的時候，在德國文化中心統一編定給全球學習者的課本裡讀到這樣的一課：一個南斯拉夫人，在德國打電話詢問租房子，一個房東問他，你是德國人嗎？當他回答不是，對方馬上掛電話。德國有著種族仇恨的不光彩過去，但他們面對的方式，不是粉飾太平，而是防止與教育。面對不同樣態的種族主義，我們需要誠實自省、積極改變，而不是用擔心「破壞台灣形象」之名，拒絕照見我們的黑暗之心。

第五部　另類人生

賤人為何矯情？

一個社會學的解讀

何明修　台灣大學社會學系

大家都看得見的公開場合是強勢者的天下，他們設定了一套「宮廟堂儀」，要求弱勢者按照官方的劇本演出，周而復始地表演出恭敬從命的姿態。

　　自從 2012 年以來，一部以中國宮廷權力鬥爭為題材的《後宮甄嬛傳》在台灣上映，其中一句台詞「賤人就是矯情」成為了流行的用語。有人和鄰居起糾紛，用這句話來罵人，結果被法院判處罰金，足部按摩業者也用「健人就是腳勤」

hypocritical

來做廣告宣傳。立法委員更擔心這句話會「教壞囝仔大小」，要求電視主動消音。這句台詞似乎講出了很多人的心聲，許多令我們感到厭惡的人物，往往虛假做作，言談中沒有一點真誠。

從社會學角度來看，「矯情」似乎是我們日常生活常有的表現。當我們周遭有人遇到事業不順、感情糾紛等不如意之事，身為朋友當然要表達關心，提供協助。但是不可否認，有時候我們或因交情不夠，或因當時的身心狀況，也可能不是真的那麼關心對方的處境。即便如此，我們還是有義務要展現出在意的樣子。理所當然，當自己成為苦主時，我們也知道很多噓寒問暖或許只是場面客套話，不需要太認真對待。真正通情達理的人不會交淺言深，對於點頭之交的問候語，我們通常不會掏心挖肺，傾訴內心真正的想法。這就像是臉書的「讚」，大部分情況是意味著「我讀到這篇近況了」，或是維持友誼的公開宣示，並不代表認同或喜歡版主所寫的內容。

簡單講，「矯情」就是隱藏我們內心真正的想法，配合公眾與社會的要求，呈現出別人所期待的樣子。我們的生活可以說是無處不矯情，服務業要有顧客至上的態度，課堂教師需要展現出誨人不倦的精神，學生被要求全神貫注、認真聽講。在公車或捷運上，連乘客都需要主動讓座給老人與孕婦。這些表演的義務強而有力地控制了我們，無論我們當時的實際心境為何，幾乎都不可能不遵守。

日常的矯情

社會學家高夫曼（Erving Goffman）在 1959 年出版了經典著作《日常生活中的自我呈現》（*The Presentation of Self in Everyday Life*），解開了這個為何必得「矯情」的謎團。高夫

曼認為，所謂的社會不外乎一系列我們要配合演出的角色，一旦進入某一種角色情境中，就需要順從其角色要求。在這種情況下，我們需要進行印象管理，將被肯定的那個面貌展演出來（例如銷售人員以客為尊的殷勤），而將令人不悅的部分隱藏起來（例如面對蠻橫奧客的無奈）。基於這樣的要求，我們需要進行觀眾隔離，在空間上劃分出別人看得到的前台與看不到的後台。試想一想，用餐客人一旦看到內場廚房實際狀況，還有多少人願意大快朵頤？

高夫曼的看法常被認為過於憤世嫉俗、犬儒主義，彷彿我們身處虛情假意的世界，沒有任何真心誠意。這是錯誤而膚淺的解讀。高夫曼的核心目的並不是指責社會的偽善，或是個人的奸巧，而是指認出社會生活中的必要道德成分。一個平庸而缺乏想像力的看法是，道德就意味著大家都遵守一定的規則，沒有任何背德行為。這事實上是不可能存在的烏托邦。社會學的思考指出，道德的力量無法確保違背規範的行為不會產生，而是確保這些行為一旦出現，公眾就能指認出來，並且加以譴責，釘上負面的標籤。一個社會之所以有道德，並不在於大家都循規蹈矩，完全接納了某些共同的規範，而是在於我們都需要「矯情」，抑制自己的情欲與好惡，配合情境的要求，扮演好應有的角色。可以這樣說，高夫曼的討論深化了西諺「偽善是邪惡對於美德的致敬」的意涵。我們當然厭惡偽君子，因為他們似乎都帶有某些不良的意圖，試圖騙取我們的信任，但是更可怕的其實是毫不掩飾的真小人，他們的行為才真正挑戰了我們共同信奉的規則。

▋「賤人」的矯情

「矯情」是必要之惡，為了維繫共同生活，我們不得不將真實的自我隱藏起來。如果我們肯定了這一點，那麼下

一個要解答的問題就是，為何賤人比「非賤人」更需要「矯情」？

我們先還原一個基本的社會事實，所謂的「賤人」，原意是社會地位較低下的群體，而不是品德有缺憾的人。對於中國宮廷貴族而言，所有的老百姓都是「賤人」，這是無庸置疑的。但是，這也是統治階級的偏見，讓我們不知不覺將地位低下與品德缺憾畫上等號。這是統治者的顧影自憐與自我沾光，意味著擁有權力即代表道德與倫理上的優越性。因此，今日我們口語中「賤人」，總是帶有道德非難的指控。

一個不難發現的情況即是，越是處於弱勢的社會地位，越是需要「矯情」。在日常經驗中，我們都知道，老闆可以對下屬頤指氣使，但是後者卻只能忍氣吞聲，逆來順受。台灣人常描述的工作經驗即是「吃人頭路、吃個飽飽、裝成鈍鈍」。弱勢者特別需要隱藏自己的真正情感，強勢者卻往往免於這樣的要求，那麼，這對於我們思考社會壓迫又有何種啟發？

政治人類學家史考特（James Scott）進一步解答了高夫曼遺留下的問題。在 1990 年出版的《支配與抵抗的藝術》（*Domination and the Arts of Resistance*）一書中，他提出了這樣的觀察：「任何支配體制都會例行侮辱、傷害人類尊嚴──占有勞動成果、公開羞辱、鞭打、強暴、巴掌、猜疑、鄙視、儀式性汙衊與其他。」因此，在承平時期，被支配者學會如何在這種殘酷的體制中生存，將不滿隱藏起來，表現出一副恭順的樣子。換言之，被支配者往往需要強大的情緒管理能力，不滿只能默默地往肚內吞。

高夫曼區分了公開的「前台」與看不見的「後台」，史考特進而強調任何支配也具有兩面性：大家都看得見的公開場合是強勢者的天下，他們設定了一套「宮廟堂儀」，要求弱勢者按照官方的劇本演出，周而復始地表演出恭敬從命的姿態，這即是所謂的「公共腳本」，但是在一旦處於支配者

所看不見的角落，被支配者卻採取「隱藏腳本」的策略，例如各種「上有政策、下有對策」的因應之道，試圖避免更多損失，或是為自己贏得更自由的空間。越是處於極端不平等的壓迫，例如奴隸制，公共腳本與隱藏腳本的落差越大，也意味著弱勢者更需要「矯情」。

那麼，統治者會不會看穿「矯情」的假象？某些愚笨的統治者相信從屬者的公開表演，以為這就是現存的社會秩序，也是應有的社會關係。但是他們忽略了從屬者無所不在的日常抵抗，不斷地在私底下挑戰支配體制的極限。也有些比較精明的統治者看到從屬者的表裡不一，有些時候似乎只是在做表面工夫，而不是真情流露。在這情況，統治者通常會採取本質論的解釋，往往認為是地位低下者本身缺乏教養，或是品德不良，而不是歸因於支配關係所造成的人性扭曲。在幾乎全世界的傳統支配情境下，「奸巧」（cunning）是統治階級對於被統治階級的刻板印象，也因此出現了中國宮廷貴族所說的「賤人就是矯情」。

兩種矯情的啟示

從社會學角度來看，「矯情」有兩種可能。一種是為了社會生活所必須付出的代價。為了維持共同的道德規則，我們不得不隱藏赤裸的自我，呈現他人所期待的樣子。另一種「矯情」則是弱勢者被迫採取維生手段，如果他們不按照權力者規定的方式行事，可能會喪失生計，甚至有生命危險。

因此，社會學的分析也引導了幾項結論。首先，請不要再講「賤人就是矯情」。對於現代多元而開放的台灣而言，這種中國封建的道德觀只會帶來負面的作用。更重要的是，說人就是說自己，將這種台詞當作流行俏皮話使用的人，其實是在「自我作踐」，因為我相信，他們很多時候也不敢講

hypocritical

出真心話，而懷抱「心事誰能知」的無奈與苦悶。

其次，我們要盡可能消除權力所帶來的「矯情」。現代社會講求的是功能分化、平等主義，與對個人的尊重，從古代的師徒制到現代的師生關係即是明顯的例子。不受限節制而缺乏民主課責性的權力，往往導致極端的不平等，迫使弱勢者需要不時「矯情」，如此一來就喪失了人性的尊嚴。

最後，無論怎麼樣民主化的社會，權力作為一種協調公共行動的元素，還是不可能完全消失。在制度上，我們可以盡可能改善，避免權力遭濫用。但是對於上位者而言，更重要是反思之後的修養，如果不懂得更審慎而自覺地使用權力，那麼還是有可能製造了下位者的困擾，他們被迫「揣摩上意」，導致了「矯情」的後果。

能源使用的新思維

小即是美

邱花妹　中山大學社會系

事實上我們正有意且故意積存毒性物質，冀望有朝一日或許能有辦法對付它。我們正責成未來世代對付一個我們自己都不知如何應付的問題。

—— 1972 年英國政府報告《汙染：公害或報應？》論及核子反應爐的放射性廢棄物（引自修馬克，《小即是美》頁 164）[1]

energy

2013 年全台廢核大遊行前夕，有機會接觸到一些高中生，了解他們最關心的時事。不意外地，多數同學提到核電問題。所有同學表態反對核四續建，但有幾名同學自信地補充：「我是反核四不反核。」這類同學相信，核能乾淨便宜，至於核四，因為是危險拼裝車、是錢坑無底洞，人謀不臧，因此應該停建。

我對年輕同學的立場感到好奇，忍不住追問，那麼究竟該拿核廢料怎麼辦？有人以「效益論」分析，認為從全民最大利益考量，核廢應繼續留在蘭嶼，但補償金要優渥。另一名同學則說，核廢料以後應該有辦法解決吧，隨後似乎有點心虛地笑說：「以後可能可以送到外太空……」

聽到這些回答，我有些哭笑不得，但是，回頭想想，這些高中生的想法，不正反映了擁核的政府與核電工業一直以來在社會上積極營造的「人類定能駕馭核能」的集體幻覺？

謊言與幻覺

早在 1973 年，出生於德國的英國經濟學者修馬克，在《小即是美》(*Small is Beautiful*) 一書中便質疑人類定能駕馭核能、妥善處理核廢料的集體幻覺。修馬克這樣批判核能：輻射一旦產生，就沒有任何化學反應或物理干擾能降低其強度，人類創造出放射性物質，卻無法減低這些物質的放射性。只要地球上有生命存在，放射性物質就會進入生物鏈，最後回到人類身上。儘管如此，核能倡議者卻避而不談核分裂會對人類與自然萬物帶來無可比擬、難以想像的危害，而只設想人類可以一直在沒有地震、沒有戰爭、沒有動亂的狀況下使用核能，更不去面對究竟該怎麼處理核廢料的棘手問題。修馬克認為，妄想以核能解決石化燃料耗竭，而不圖根本的改變，其實是在解決一個問題後，製造出另一個後患無

窮的大問題。

四十年前的批判，放在今日的台灣與當前的世界仍然適用，人類至今仍無法處理棘手的核廢料問題即是明證。

翻開經濟部出版的「核能議題問答集」，56頁的手冊中僅一頁半回應核廢料處理問題。經濟部自信宣稱核廢料「並非無解」，台電具備處理技術，但細看內容則發現，解決核廢料的辦法，其實一如過往，停留在「修辭」狀態：用過的核子燃料將採「最終處置」，政府規劃於2055年前完成高階核廢棄物最終處置場；低階核廢料將以「多重障壁概念」與人類生活隔絕，並將在最終處置場址決定後八年內，完成建造與取得執照；以及，不排除尋求國際合作處理或者境外處置。

擁核政府忙著營造核廢料必能解決的幻覺，既不誠實交代境外處理的可能性微乎其微，更不討論在地震頻繁、人口稠密的台灣，眾人避之唯恐不及的核廢料，究竟要如何找到落腳萬年的最終處置場。難怪前原能會核能研究所副研究員賀立維接受媒體訪問時批評：「數十年前，政府宣布永久貯存場將在四十年後啟用，到了今天，還是宣布將在四十年後啟用；四十多年來原能會主委與台電董事長各換了十位，問題仍未解決。相信四十年後再換十位主管還是解決不了問題，『每一位都推給下一位。』」[2]

空洞的安全保證

在台灣，不要說最終處置場，就連暫時的儲存設施都問題重重。核一二三廠及核研所至今製造超過十一萬桶的中低階核廢料；早年以蓋罐頭工廠之欺騙手法丟到蘭嶼的低階核廢料，在2008-2012年整檢，過程曝露了核廢料桶遭嚴重鏽蝕，且因整檢過程草率，整檢工人、達悟族人與蘭嶼生態環

境恐怕已遭受二次汙染。[3] 然而，政府、台電至今仍不面對核廢料對蘭嶼的危害。超過十萬桶核廢料仍靜靜地躺在租約早在 2011 年底到期的蘭嶼核廢料儲存場中。

此外，最終處置場沒著落，核一二三廠的冷卻池爆量儲存近一萬六千束用過的核燃料棒，為了將核廢料束移出冷卻池，進入乾式儲存狀態，台電公司就地在核一二廠內興建露天乾式貯存槽／場，場址選擇與槽體設計引爆風險與安全疑慮。政府片面宣稱安全無虞，卻未能回應北海岸居民的擔憂：在最終處置場持續難產的情況下，四十年後露天中期乾式貯存會不會直接成為高階核廢料的最終露天棄置場？[4]

核電工業發展超過半個世紀，不僅無能杜絕核災，也無法妥善處理放射性核廢料。這是為什麼，曾經訪台的瑞典皇家工學院科技史學者侯樹流思（Per Hogselius）認為核能根本是「失敗的科技」。[5] 對於地震頻仍的蕞爾小島台灣，只要核一二三廠持續運作一天，核廢料就會不斷製造出來，世世代代的國人就不得不與核廢料相存。核四須停建，不僅在於核四是拼裝車，更在於終止盲目使用核能，才能停止將萬年劇毒核廢料硬塞給後代子孫以及邊緣弱勢的社區與族群。

進一步而言，核電的本質性危害，不僅在於一旦發生核災將造成無可比擬的毀滅性災難、核廢料貽害萬年，其危害也在於核工業從開採鈾礦、運作維修到核廢處理，在在都是以工人被曝為前提。[6] 高科技不萬能，高科技可能等同於高風險，人為操作的科技難以迴避系統性的錯誤，[7] 也常難以抗拒天災。為了個位數的發電量（核四若於 2025 年運轉，預估僅占台灣發電量的 6%），盲目地使用核能，把問題不斷往後丟給後代、丟到原住民部落，是踐踏世代、環境與族群正義。

在地自給自足的能源生產與消費

對台灣而言，核能就是大型、外來的、技術門檻高的昂貴科技。全球核電工業的技術與設備掌握在奇異等幾家大公司，核電廠從建造、維修到處理大小意外事故，乃至萬一不幸發生核災，相關技術的門檻與費用都非常驚人。不久前，我有個機會跟一位前核電廠高階主管交談，我問他：「台電付了一億請奇異來替核二廠更換六根損毀的錨定螺栓，如果奇異報價兩億，台電是不是也得乖乖掏出來？」這位高階主管點頭苦笑。這就是台灣核電工業運作的本質，這就是技術依賴，就是能源產業的依賴式發展。

換個場景，八八風災後，屏東縣政府在林邊等地層下陷地區推動「養水種電」，一方面，善用南台灣充足的陽光，「種」下太陽能電板產出能源；一方面則讓下陷區遭風災摧毀的農地與魚塭用地得以休養生息。台灣有能力製造光電板，光電板壞了，台灣的工程師能更換維修，由在地農漁民組成的勞動合作社也可以承攬清潔面板的工作，甚至自行造出精緻木船，讓清潔工作更省力。這樣的能源技術，經濟規模與勞動組織形態，不是比核電工業更可能讓台灣朝向能源技術自主發展、能源生產自給自足的新方向？

選擇非依賴、適當的能源科技，追求在地自給自足的能源生產與消費模式，讓發展回歸在地人民福祉，這樣的能源革命似乎更接近「小即是美」的具體實踐。德國強大的廢核與環保運動，讓公民將綠黨送進聯邦議會，成功推動《再生能源法》。能源產銷朝向在地化、去中心化，讓追求可持續發展、渴望經濟生活民主化的公民，能夠集資發展綠能，同時扮演能源生產者與消費者的角色（prosumers），並且透過合作經濟的組織形態，讓利潤共享、回歸在地社區。根據德國綠黨智庫出版的報告統計，驅動這場能源轉型運動的能源合作社，已從 2001 年的 66 家成長到 2012 年的 700 家。[8]

台灣能源新思維：小可能更美

今日台灣，執政當局仍活在修馬克四十年前批判的發展老路中，避談核能使用的環境與社會後果，刻意將核能打造為進步、乾淨、便宜的替代性能源，營造核能、核廢料問題早已解決或終將解決的幻覺。擁核的執政者，也不斷引導社會大眾，始終只談論電價、GDP，將眼界限縮在當下的經濟利益。

在近年台灣社會一波波反核運動的壓力下，政府於 2014 年 4 月宣布核四暫時封存，隨後卻又提出老舊的核一廠延役，拒絕誠實面對核能本質性的危害，及台灣地質條件與人口密度是核災超高風險國家的事實。繼續擁抱修馬克筆下的毀滅性科技，是陷全民與萬物生命於無可比擬的風險與危害中。怠於節制能源需求、繼續擁抱粗糙的發展主義而未能將國家有限的資源用於能源與產業結構轉型，將使台灣沒有機會發展去依賴、去中心化、更符合在地福祉與需求的能源產銷模式。

此時此刻，重讀《小即是美》讓人深刻地體會到：大不一定好，小可能更美。台灣能源革命所需要的，正是這種替代性發展的思維。

注 1：修馬克（E.F. Schumacher），2000，《小即是美：一本把人當回事的經濟學著作》（*Small is Beautiful*），李華夏譯，台北：立緒。

注 2：湯佳玲，2013，〈台灣核廢料處理 專家：無解〉，《自由時報》2013 年 4 月 23 日。http://news.ltn.com.tw/news/focus/paper/673012（2014/11/11 登入）

注 3：中央研究院地球科學研究所研究員屆治安在 2011 年發表的論文中揭露，蘭嶼核廢料貯存場外圍監測到人工核種鈷 60 與銫 137。參見，廖靜蕙，2011，〈透明恐懼來襲 達悟人淚批台電隱瞞輻射外洩〉，《環境資訊電子報》2011 年 12 月 1 日。http://e-info.org.tw/node/72060（2014/11/11 登入）。蘭嶼核廢料整檢造成污染參考：鐘聖雄，2012，〈[開箱] 核廢料之奇幻旅程與蘭嶼輻射外洩始末〉，公視新聞議題中心，2012/02/2。http://pnn.pts.org.tw/main/?p=39253（2014/11/11 登入）

注 4：北海岸反核行動聯盟，2013，〈反對！核一核二高階核廢乾式貯存場興建啟用行動！〉(2013/07/23 新聞稿與陳情書)。http://www.coolloud.org.tw/node/75044 （2014/11/11 登入）

注 5：李尚仁，2014，〈核能爭議二：關於技術的不同想像 導言〉，王文基、傅大為、范玫芳主編《台灣科技爭議島》，頁 68-72，新竹：交通大學出版社。

注 6：可閱讀《核電員工最後遺言：福島事故十五年前的災難預告》，平井憲夫、劉黎兒、菊地洋一、彭保羅等著，陳炳霖、蘇威任譯，台北：推守文化。

注 7：可閱讀《當科技變成災難：與高風險系統共存》，查爾斯 · 培羅（Charles Perrow），2001，蔡承志譯，台北：商周出版。

注 8： 引 自 Craig Morris, Martin Pehnt, 2014, *Energy Transition: The German Energiewende*, Berlin: Heinrich Böll Foundation. 第 9 頁。http://energytransition.de/wp-content/themes/boell/pdf/en/German-Energy-Transition_en.pdf（2014/11/11 登入）

吳宗昇　輔仁大學社會系

拯救世界，社會企業行嗎？

社會企業的「社會」，不該是生產者／消費者單方面定義的名詞，而是一種需要被彰顯、被滿足的社會利益，並帶來更高的社會價值。簡單來說，就是那些國家或市場無法供應的弱勢者需求。

　　社會企業到底跟社會學有什麼關係？如果說，社會企業是解決社會問題、滿足社會需求的經濟組織，那麼社會企業

social
enterprise

就需要大量的社會學研究，因為透過社會學，我們才能更深入看到社會問題背後的結構因素，找到更好的解決策略。

我想跟大家分享一些焦慮，這一兩年火紅的社會企業到底是什麼？真的有那麼厲害嗎？社會學該去分杯羹嗎？

社會企業是這幾年很流行的名詞，大略的定義是以商業手段解決社會問題的經濟組織，也有學者界定為「兼顧社會價值與獲利能力的組織」。社會企業與其他私人企業最大的不同是，私人企業皆以為股東或企業主謀取最大利潤為目的，但社會企業則追求更大的社會利益。社會企業跟社會創新、社會創業家、設計思考等概念常常連在一起，舉個天馬行空的例子來說：「一個社會創業家用了設計思考，組合現有的技術，創造聽障者使用的唇語辨識系統，將之裝配在眼鏡中，讓人們只要動嘴唇就可以溝通，這個嶄新的社會創新改變了人類的溝通方式。之後，他們成立一家公司永續經營，我們稱之為社會企業。」

有沒有感覺一切都很美好？

社會企業是超人？蛋塔？還是頂新油？

在上述的想像下，社會企業就像超人，擁有超凡的能力，可以解決政府無法處理的任何社會問題，給予世界美麗的希望和未來。但是超人不用吃飯、不用上廁所嗎？超人的薪水誰發、有沒有例假日？這種過度期待的想像，觸發了無以數計的創業者投射改造社會的理想，讓創業者在這幾年間迅速增長。

這當然有可能造成第二種效應，就是社會企業成為流行的標誌，就像十多年前隨處可見的蛋塔店。這個現象從數據上也可以得到證實，2003-2013 年，關於社會企業的報導大約有 300 則，其中超過 150 筆出現在 2013 年上半年。經濟

social
enterprise

部商業登記名稱中有社會企業的大約有 54 家，其中有 34 家
是在近 3 年內成立，可見其急速崛起的趨勢。

經濟部商業司社會企業登記家數

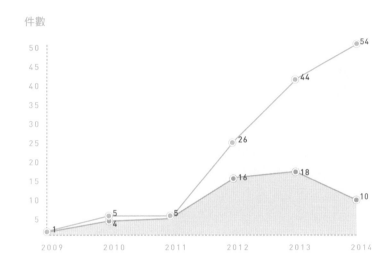

件數

累計數量
登記數量

第三種想像則是懷疑論者，跟 2014 年頂新豬油的無良
企業有點關係。部分人認為，社會企業可能以企業體的形
式，利用社會大眾對於慈善、社會公益性的愛心包裝商品，
是種博取商業利益的偽裝組織。

情感上，我支持第一種想像，但策略是先讓社會企業有
發展的空間；行動上，我是個熱情的粉絲，搖旗吶喊也有一
份。可是理智告訴我，第三種想像不是沒道理的，說不定前
面兩種都是假的，我們吃的油都是被油商混過的，小心謹慎
至上。但小心哪有用啊，現在到底誰沒混油啊？

但回過頭來想，社會企業的「社會」究竟是什麼？如果

要定義社會企業，是不是要先定義社會？好笑的是，號稱最會研究社會的社會學，卻一直說不清楚社會是什麼。

舉個搞笑卻沉重的例子，社會企業特別關注弱勢或底層階級，也就是俗稱的魯蛇（loser）。社會學別的不會，但很會觀察魯蛇的人生。我們喜歡看被限制的人，那些被無形力量牽引的大眾。大凡以往企管不研究的，我們幾乎都包了。有街友、遊民、流浪漢、娼妓、污名者、失業者、各式各樣的魯蛇。社會學可以說是一部由魯蛇出發而構成的系譜學（誤）。

只要你們不問社會是什麼，社會學都能講。

頂新豬油跟社會企業的關連性？

如果說，把目前對於社會企業的可能發展情況分成「超人、蛋塔、頂新豬油」三種市場競爭樣態，我認為日後最真實的狀況會是頂新豬油林。以往所有過度美好的期待將會回歸實質面，社企組織將會面臨獲利、效率、市場競爭的所有衝突，而社會理念和獲利邏輯的糾葛，也會陸續帶出更基本的「公義」問題，如利害關係人的利益衝突、勞動者權益、環境污染、社會負面效應等等。

所有流行的風浪都終將退去，而退潮之後就可以看到誰在裸泳。部分社會企業缺乏有效商業模式和資金流的問題將會一一出現，過度獲利而無法實踐原有社會理念的組織也會慢慢無所遁形。

實際生活的社會，就像油品市場的競爭一樣，總會混雜不純的利益成分。這不是指油商都不好，但以成本作為首要考慮絕對是企業經營的常態。在獲利的誘惑下，廠商小心地走著法律規定的界線，努力地賺到每一塊錢。頂新可以宣稱自己是社會企業，因為他們養活數百個員工，照顧了數百

social
enterprise

個個家庭，一樣發揮了經濟的社會功能，解決了許多社會問題。但這種說法對嗎？

這種說法的謬誤是，頂新並沒有「公共利益」的關懷與行動，他們牟取的是生產者自身的利潤，而不是整體利害關係人的權益。

從這個例子中，我們就比較能辨別一些事情。社會企業的「社會」，並不應該是某特定生產組織或群體，而是該群體的社會利益，或是層次更高的社會價值。也就是說，頂新不能只考慮員工的失業率，而應該考慮消費者、整體社會的健康、道德價值等公共利益，不是犧牲其他人來滿足自己。社會企業的「社會」，不該是被生產者／消費者單方定義的名詞，而是一種需要被彰顯、被滿足的社會利益，並帶來更高的社會價值。簡單來說，就是那些國家或市場無法供應的弱勢者需求。

好吧，如果社會學是一部魯蛇鬥爭史的話，那麼社會學就應該在社會企業占有一席之地。

假設社會企業是解決社會問題、滿足社會需求的經濟組織，並試圖透過這些特點與企業角色區分開來，那麼，毫無疑問，社會企業就需要大量社會學的魯蛇研究。天龍人的社會需求可以透過貨幣交換、權力鬥爭、家庭網絡解決，這也是天龍人擅長的事情。但魯蛇（各式各樣被污名的蛇），既缺乏經濟網絡和工具，也缺乏強勢的法律語言，社會支持網絡還支離破碎，使得爬說語長期被視為低階的、攻擊性強的，甚至是污名的語言。

社會學觀察社會現象、了解社會、研究社會問題，但我們甚少嘗試去解決這些社會問題。或者說，我們常以綠巨人浩克的方式解決問題。我們喜歡變身成為龐大的神人，以社會運動或是在某些神聖性論述場域發出關鍵性一擊。感覺我們很喜歡悲壯、陽剛的對抗方式。這種方式其實也挺好，也

證明社會學之大用。但如果有更多的可能性、更接近實際生活樣態的操作方式，會不會有趣一點？

將限制變成機會：
從很小的事情開始，社會就會改變

2013 年 10 月，我去參加東亞金融受害者聯合會的時候，透過扶助律師的翻譯，拜訪了日本大阪西成區的 NICE 企業。我問他們，如何蓋出五棟社會住宅，完成規模這麼龐大的社會事業？竹中伸五先生說：「從很小的事情開始做，社會就會改變。」11 月他來到台灣，又說了一次。

那是一種非常柔和的說理方式，溫暖而堅定。

聯合報記者黃昭勇寫了個報導：

沒有浴缸的日本人多數為貧窮者，依賴政府發放免費泡澡券。2001 年，日本政府因為沒有浴缸設備的家庭愈來愈少，打算停止發放洗澡券，但在西成區，很多家庭的洗澡間狹小、髒亂。

怎麼辦？他們與大阪市政府合作成立「澡堂會員」，讓生意愈來愈差的澡堂經營者知道使用者在哪裡，並由這些澡堂提供一百日圓的折價券給六十歲以上的居民，一舉改變了澡間變少、生意變差的問題。竹中說，即使只是便宜一百日圓，因為心態與作法改變，問題就解決了。這是一個住民與社區經濟成功共生的典範，這個模式成功之後，又擴大到健康會員、食堂會員與區域互助等領域。

NICE 並不是封閉的社區，周遭還有大量的私有住宅和國宅，他們就隱身在開放的區域中，並陸續又開了藥房、便當店（雇用殘障人士）、咖啡店，還有特別針對老人、殘障

者、小家庭的各種社會福利服務辦公室。

　　我特別跑到他們的食堂吃了一頓飯，其實並不算特別便宜。但是夠美味，份量也大，可以自由添加白飯，很能吸引勞動者。

　　類似的案例也將在台灣發生，中壢的希伯倫社區就是標準的共生系統，甚至發行自己的貨幣。但差異是希伯倫採取封閉的社會系統，以保護未成年青年或一些特殊境遇的人。我想說的是，限制和機會可能只是一線之隔。結構並沒有那麼容易改變，但是翻轉自己找到可能性和樂趣總可以吧。

　　可是，困難的是，這種近乎奇蹟的逆轉並不是隨便就可以發生，所以竹中伸五的話才特別有意思。就是那種從很小的事情，一點一點地累積，雖然緩慢但是非常結實的發展過程。因此我始終覺得，社會企業或創新其實一點都不炫，也很難在流行之後就順勢成立。要做這些事情，多少都要有點覺悟，非得在某些事物上進行長期的投資和關心，才可能有一點點進展。

社會企業能拯救世界嗎？

　　社會企業拯救世界？真是想太多了。要是能讓這件有趣的事情，慢慢與其他東西結合，找到不錯的經營模式，不會到處亂混油亂標示，就已經是大幸。這個世界，因為社會企業、社會創新的出現，開始讓不同領域的人一起捲起袖子做些事情，已經是超凡的貢獻。能鼓勵的話，有何不可？

　　那麼，社會企業可以做什麼？要看你指的社會利益是什麼。可以是為視障者而存在的經濟組織，可以是為都更存在的企業，可以是為第三世界的經濟剝削存在的咖啡商，也可以是為了社會學而存在的出版社。關鍵是那個社會目的、社會需求、社會利益有沒有被滿足，最後產生更多正面的社會

效益，而不只是單純的經濟效益。社會企業最大的貢獻，就是對現在的企業價值進行最根本的反省，感染、影響他們加入這個陣營。

　　我喜歡用莎士比亞的一句話來形容社會企業：「玫瑰即使換了名字，也依然芬芳。」意思是說，叫不叫玫瑰有什麼關係，玫瑰芬芳的本質才是最重要的。

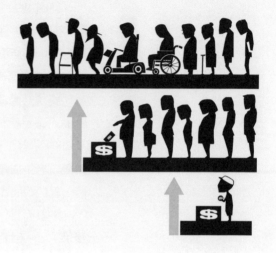

世代互助還是個人自助？

年金政策的未來

劉侑學、呂建德　中正大學社會福利學系

在觀察先進工業國家的改革經驗後可以發現，私有化的改革方向意味著退休保障的責任在國家、市場與個人之間重新洗牌，政府必須調和出最為妥適的比例負擔。

2012 年國慶日當天，官方例行性發布一份委外的勞保精算報告，內容一貫是提醒勞保基金即將面臨破產危機，卻意外受到社會大眾的重視，後續更引發勞保老年給付的搶退、擠兌風潮，甚至迫使政府全面提出包括軍公教人員在內的其

annuity

他職業類別的年金制度改革方案。然而，由於年金制度的設計涉及複雜的概念，一般大眾並不容易親近、理解，我們將為讀者介紹年金體系的基本概念與制度特徵，同時介紹先進工業國家普遍的改革走向，並提供值得延伸閱讀的書單，或有助於思考台灣未來的年金制度將何去何從。

回顧 1990 年代以降，台灣年金改革圍繞在制度的建構、整合與轉型，例如建立以稅收支付、特定身分的各類老年津貼方案，包括中低收入老人生活津貼、老年農民福利津貼與敬老福利生活津貼，或是推動勞工退休保障制度的重大變革，將《勞動基準法》的「退休專章」單獨立法，並由原本的「確定給付」改為「確定提撥」的個人帳戶制度，以及 2009 年勞工保險老年給付年金化。然而，由於人口結構轉變，老年依賴比快速攀升，導致老年經濟保障在擴張的同時，就開始面臨緊縮的壓力。

一般而言，年金改革的論辯主要涉及「供應者」（誰來提供）、「財務處理」（如何籌資）與「給付方式」（如何計算），在時空背景、經濟發展、人口變遷、意識型態或文化傳統等因素的相互影響之下，年金體系會產生不同的政策選擇與制度安排，也更進一步凸顯出決策者的目的與偏好。

隨收隨付制年金的特色：
世代所得重分配與風險分擔

年金制度的財務處理可區分為三種類型，分別是「隨收隨付制」（又稱為賦課制）、「完全提存準備制」以及「部分提存準備制」。實際上，制度的選擇取決於當時的政治發展與社經背景，譬如德國在 1889 年創建年金保險制度時採用了完全提存準備制，這是政治發展下的結果，但二次大戰期間卻出現劇烈的轉變，一方面因為原先累積的基金大量

「確定給付」與「確定提撥」

「確定給付」是「給付方式」的其中一種類型，雇主承諾員工於退休時，按約定退休辦法支付定額的退休金或分期支付一定數額的退休俸。受僱者的年金給付以「工資歷史」與「服務年資」為計算基礎，也就是退休金是以退休前最後一年或若干年的平均薪資，或者完整工作生涯的平均薪資，乘上服務年資。以台灣《勞工保險條例》的老年年金為例，僅按被保險人加保期間最高 60 個月的平均月投保薪資來計算，給付方式則是乘上年資，再依下列方式擇優發給：「保險年資合計每滿一年，按其平均月投保薪資之 0.775% 計算，並加計新臺幣 3,000 元」或是「保險年資合計每滿一年，按其平均月投保薪資之 1.55% 計算」，而不是以勞工全部工作生涯的平均投保薪資來計算。例如勞保年資 25 年，平均月投保薪資 30,000 元，60 歲退休領取老年年金，可領取的退休金為 30,000 元 ×30 年 ×1.55% ＝ 13,950 元。

相較於確定給付的概念，「確定提撥」又可稱作提存式個人帳戶，每位參與者須提撥薪資的固定比例到個人帳戶，交付信託人保管運用，於員工退休時將這筆資金和運用孳息給付給退休員工。特徵在於將退休保障的風險承擔從雇主轉嫁至受僱者，並且存在著不同程度的風險，像是年金資產的報酬率、未來薪資軌跡與將來年金價值。台灣勞工於退休時除可領取到勞工保險的老年給付之外，尚有依照《勞動基準法》或《勞工退休金條例》強制雇主提供退休金。由於《勞動基準法》的退休要件相對嚴格，多數勞工無法符合資格向雇主請領退休金，因而在 2005 年 7 月 1 日施行《勞工退休金條例》逐步取代舊有制度，自原本的「確定給付」轉為「確定提撥」，要求雇主每月提繳至少 6%，儲存於勞工保險局設立之退休金個人專戶，達 60 歲後員工便能領取累積提繳的退休金本金和政府代為操盤的投資收益。

投入戰爭而消耗殆盡，必須找到替代方案；另一方面，雖然戰後有長達十二年仍維持以「投資為本」的完全提存準備體系，不過卻因德國經濟缺乏實質資產而無以為繼，終於在 1957 年改為隨收隨付制。

「隨收隨付」是年金體系最常見的財務型態，立基於契約本質的世代互助，國家無需為未來年金請求權積累準備基金，而是用現下工作人口的保費收入來支應當期的老年退休給付。多數西方工業民主福利國家在二次戰後的年金制度，

都是用「隨收隨付」來搭配以「確定給付」為原則的社會保險方案，提供十足慷慨的退休保障。

隨收隨付制年金的轉型壓力：
勞動人口減少與經濟成長減緩

　　然而，走過福利國家的黃金年代，接踵而至的人口轉型、預算壓力、經濟競爭力與保守意識型態再起，都成為誘發年金改革的動力。早期年金體系的隨收隨付設計面臨人口變化與薪資停滯的限制。由於隨收隨付的設計是用現下工作人口的保費（工資的一部分）來支應當期的退休給付，所以薪資總額越高，就愈有能力承擔年金支出。「薪資總額」是「平均薪資」乘以「受僱者人數」的結果，若兩者皆有增加，就十分有利於隨收隨付制的運作。然而，實際上的狀況卻是出生率下滑、提早退休與平均餘命延長，導致勞動力人口／退休人口的比值下降，再加上薪資成長隨著經濟走緩而停滯，隨收隨付不得不改弦易轍。換句話說，隨收隨付財政健全的先決條件在於高薪資成長、高出生率與高勞動參與率。

　　當年多數西方福利國家採用隨收隨付制的背景，除了勞動力與薪資雙成長的有利環境之外，也包括社會大眾因經濟蕭條與戰爭，普遍不信任資本化的年金基金。再者，隨收隨付制也為政治人物帶來立即的好處，一方面，開辦之前還沒有任何世代擁有年金權，不至於帶來財務負擔，另一方面，這種制度保證當下繳納保費的受僱階級可以在未來獲得慷慨的年金承諾，而屆齡退休者（未繳費或年資很短）也可以立即領取退休給付。

　　1980 年代以後，政治經濟環境出現變化，經由時間醞釀而逐漸成熟的年金體系也開始帶來龐大的公共支出，形成政府的財政壓力。難以維持的老年經濟保障制度就得思考開

源節流的辦法，但是就財務面而言，調高費率會連帶提升非工資勞動成本，不利於國家的產業競爭力與就業機會，同時也影響受僱者的「可支配所得」。降低年金給付的節流措施則更加艱難，許多嘗試緊縮措施的政治人物都付出流失選票的代價，黯然下台。

走向沒有風險共擔與重分配的私有化年金？

隨收隨付的強制性公共年金在晚近成為眾矢之的，許多國際組織如世界銀行、經濟合作暨發展組織與各國政策專家於 1990 年代開始倡議將既有的「公共」「隨收隨付」年金體系轉型為「私人」「提存準備」年金模式，將退休的經濟責任轉移到市場與個人，以減輕國家財政壓力，並帶動金融資本市場發展，形成一股私有化年金體系的風潮。

基本上，私有化年金體系主要是「提存準備」加上「確定提撥」的設計形式，同時行政與管理工作也不再是由政府負責，而是轉交給民間投資公司執行。相對於隨收隨付制，完全準備制不會有世代重分配，而且受限於過去自身儲蓄，彼此之間也無直接重分配的效果，個人退休完全取決於過去貢獻的提撥總額。

然而，雖然私有化的年金體系被認為因斷開世代互助而較能因應人口老化的趨勢，卻也帶來其他的風險，例如退休所得全然取決於個人工作生涯的表現與經濟條件，一旦經歷反覆失業或非典型就業，就難以累積足夠的退休金。再者，運用年金基金投資於金融市場則是另一風險來源，2008 年發生百年罕見的金融危機，多數歐洲國家的職業年金基金資產規模大幅滑落，其中愛爾蘭年金基金資產降低高達 35%，而其餘國家則都下跌 10-20%，衍生出財務與長期報酬收益不確定的問題。

「完全提存準備」與
「部分提存準備」

「完全提存準備」或「部分提存準備」的年金體系將提繳費用累積成為基金，並進行投資運用，獲利報酬則回饋給未來的退休給付。原則上，完全準備制足以負擔所有預估的潛在債務，而部分提存準備制則介於完全提存準備與隨收隨付之間。值得補充說明的是，無論財務處理是隨收隨付或完全提存準備制，都可搭配不同的給付方式（確定給付與確定提撥），兩者不可混為一談，例如瑞典的「名義確定提撥」就是隨收隨付佐以確定提撥的制度類型。

年金改革需寬廣且整合性思維

年金體系無論選擇任一財務或給付型態，都各自具備優、缺點，舉例來說，完全提存準備制比較不受人口老化的影響，只是積累基金可能陷入投資失利或通貨膨脹，龐大資金也容易被政治人物誤用。如何在制度之間截長補短、降低風險，同時維持退休者的生活水準，成為執政者的重要課題。而在觀察先進工業國家的改革經驗後可以發現，私有化的改革方向意味著退休保障的責任在國家、市場與個人之間重新洗牌，政府必須調和出最為妥適的比例負擔。除此之外，藉由勞動市場相關政策，打造友善的職場環境，協助中高齡者延長就業生涯，以及推展職場與家庭平衡方案，以提升生育率，也是當前各國積極關注的焦點。總的來說，年金改革須具備廣泛視角與整合性策略的政策思維，才足以因應挑戰。

延伸閱讀

欲了解年金體系所涉及相關基礎概念的初學者，可以閱讀 Modigliani, F. and A. Muralidhar（2005）. *Rethinking Pension Reform*, Cambridge: Cambridge University Press，以及 Barr, N. and P. Diamond（2010）. *Pension Reform: A Short Guide*, New York: Oxford University Press，這兩本書的部分章節提供許多詳細的資訊。

「經濟合作暨發展組織」（OECD）不同於其他國際組織（如世界銀行）直接表達對於年金模式的偏好，而是傾向藉由許多出版品指出最新的發展方向，描繪出可採行的年金改革原則、經驗與建議，提供所屬會員國得以參照的政策架構。讀者可以透過該組織歷年發表的「年金展望」（Pensions Outlook）與「年金概覽」（ Pensions at a Glance），完整地了解世界主要國家的年金改革演進與趨勢。

曾薰慧　香港中文大學性別研究學程

鳳凰花開，又到了博士求職「祭」

放開想，生命就是個儀式，我們不斷經歷著不同階段的人生祭節。找工作，進學界，應該只是生命的一個選項，而不是全部。

　　今天走過社會所樓下，看到幾位研究生穿著畢業袍拍照，歡樂的笑顏，襯著紅磚與綠草坪，美不勝收。這幅景象不禁讓我想起當年碩士班畢業後，因著一股對學術（作為一種生活／存狀態）的嚮往而繼續到海外求學的博士生涯。然

job hunting

而苦哈哈的論文寫作過程、畢業後如雲霄飛車般的人生際遇，母親「學海無涯，回頭是岸」的召喚，以及生活周遭種種關於「女博士」的言語恫嚇（「沒人敢娶女博士啦！」「妳小心孤老一生，死後屍骨被養的小貓給啃爛」等驚悚話語），在在考驗著我找學術工作的意志。

所幸平日燒香拜佛挺管用，就在台灣境內找工作幾近絕望之際，我喜出望外地在香港拿到了專任工作，人生頓時黑白變彩色。就著近日所見有感，加上近一兩年來常被諮詢讀博出路優劣，我這篇巷口文就來談談人文社會學科博士「找工作」這檔事。我將使用人類學式的經驗與觀察，從自身多次失敗的經驗談起（一次就成功便沒甚麼可談的了），分享海內外就業市場及面試文化差異的觀察，並以此回應台灣博士／高等教育的困境。

▎讀書與工作：一個世界兩樣情

首先，現實的情境是：讀書與找工作是兩碼子事，搞混了，你就憂傷了。

讀書是浪漫的，找工作是殘酷的。書讀得好，不代表能找到好工作；拿到好工作，也不見得是書讀得好的結果。找工作除了基本實力配備，個人的「運勢」也相當重要，也就是要看個人的研究領域是否吻合當年的市場需求。我在哥倫比亞大學做博士後期間，認識許多被「卡」在哥大校園的優秀人才，其中一位同事的妻子從美國名校畢業，擁有在一級期刊發表的論文，然而就是沒有學校開她研究領域的缺，她只能以訪問學者的身分夫唱婦隨，這點令她十分難受。儘管類似的悲傷故事多如牛毛，追逐市場趨勢而選擇研究方向的策略也屬不智，因為熱門的研究領域很可能迅速被近期畢業的新科博士填滿，新進博士生剛讀博時炙手可熱的研究領

域，畢業時市場需求極可能也已經飽和。因此，好好深耕自己有興趣的議題，開創與相關領域的研究或理論對話的空間，寫論文時尤其要不時找人答辯一番，才是培養底氣比較好的方法。底氣夠了，再來就是包裝，剩下就是等待。

　　我在美國取得博士學位，冷僻但有趣的人類學。因為自認語言能力欠佳，自讀博的第一天起，就沒想留在美國任教，也因此沒有花太多時間研究美國的工作環境。直到論文進行了一半，周遭朋友已開始進入就業市場，彼此的問候不再圍繞著感情的八卦，而是「你今年要找工作了嗎？」才發現老是依靠學校奶水度日不是辦法，必須正視「找工作」這個問題。要斷奶，首先必須衡量，想留在美國還是回台找工作，因為兩者操作的邏輯不太一樣。抱著測水溫的心情，我在畢業的前一年開始投入美國的就業市場，準備履歷、撰寫求職信，循著前人的經驗，按表操課。

　　因為美國移民政策規定，學生畢業與就業之間的空窗期不可長於三個月，因此最保險的做法是找到了工作再畢業，學校總是這樣教。但是若想回台灣進行卡位之戰，恐怕得遵行「早回贏面大」的策略，先找學校兼課或做博士後，再慢慢與過去失聯的學界接合。雖然台灣學界的教師招募機制已相當現代化，但對就業市場上的新科博士而言，「血統」與「關係」的幽靈仍纏繞不散。

　　標籤與派別，依然是回國尋找就業契機的新科博士在踏入國門之前被迫學習的地下知識，無論管用與否。當然，這絕不是說美國學界不存在「關係」的識別機制。在美國，「靠關係」的說法仍時有耳聞，然這個「關係」並非基於我們在台灣所熟悉的「血統」或「派系關係」，而是指導老師與推薦信撰寫者的給力度。只是，當求職者的數量大到一定程度，求職者所擁有的關係資本濃度便會被稀釋。因此，有沒有「關係」，好像也沒有太大的關係。

天差地別的面試文化

我在美國及亞洲地區（包括台灣）嘗試了三年的專任教職應聘，很幸運地累積了不下十次失敗的面試經驗（包括視訊面談及校園參訪）。接下來，我想簡單地分享我所經驗與觀察到的國內外（美國為主）面試文化，希望藉以扭轉台灣學界對於面試文化的既定認識。

經驗過美國校園參訪的應聘人士應當都有類似的愛恨交集之感：免費機票、住宿、高級餐廳，專人接送，全程被奉如上賓，但相對地，接受「試煉」的時間也更長，短者一整天，長者兩至三天。前人總是諄諄教誨，從早餐開始到晚上回到飯店房間之前，千萬要撐住表現，連吃飯聊天也不得鬆懈，因為這是對方觀察一個人的性格是否和善樂群，作為同事是否好相處的絕佳良機。一般而言，校園面談包含兩個部分：個別面談與演講（或試教）。前者由系上老師一對一（或二三對一）與應聘者對談（在台灣，這多以化零為整的方式一次解決）。我的經驗是一次一人一小時，談話內容包山包海，但大致不離研究分享與「假設你今天進來了」的相關問題。面試者以同事（而非考官）的姿態與應聘者「抬槓」，內容看似閒談，實可由應聘者的回話內容探出她的知識程度與工作態度。因此，面對面試者的閒聊萬萬不可卸下心防，與對方掏心剖肺分享人生的失意或沒有野心的願景。要記得，應聘者的人生沒有低潮的權力，一切都得在這場展演中表現得盡善盡美──就算虛偽。

在美國，徵聘機構及面試者那種「就算不讓你上也讓你有尊嚴地離開」的態度，對比台灣普遍存在的「鞭笞文化」，應該讓許多應聘者印象深刻。記得外國朋友聽到我願意自費飛回台灣面試時，都面露不可思議。事實上，我曾拒卻一場英國的面試，部分原因就是因為他們的交通補助不足額，然而招聘委員會主席親自來信解釋補助政策的舉動，讓我對他

們「禮賢下士」的態度深表敬意。在台灣，除了不補貼交通費之外，面試者的「主管」姿態也常令應聘者敬畏三分。那些被「砲轟」的經驗在私底下流傳，警告應聘者除了專業知識，「哪裡有地雷」的非專業知識也必需妥善準備。我不認為國內學校有必要用優渥的物質來款待應聘者，但也實在應當考慮起碼的交通補貼，畢竟金額不大，卻能展現禮賢下士的大器。

在國內外飛來飛去洗了三年的面試「三溫暖」之後，我十分好奇，為何我看到的求職文化在台灣與在國外存在如此巨大的差異？為何當其他「先進國家／地區」在進行新興人才「搶奪大戰」時，台灣的學界仍普遍抱持著「施捨工作」的心態？礙於篇幅，我無法在此討論，但希望提出這樣的觀察能帶給學界一個思考：台灣，憑甚麼？

出路，出路！博士的出路在哪裡？

雞排博士絕對不是笑話，也不應被視為笑話。在學術市場日趨飽和的情況下，我們確實應該好好思考高等教育人才供需失衡的問題。在使用英語教學的世界中（包括香港、澳門、新加坡），我們已經看到市場相互擠壓的現象：各國新科博士跨越國家的藩籬向外尋找可能性。對求才若渴的學校而言，這或許是件好事，因為有更多人才可供選擇。近幾年，美國的學界意識到文科博士供過於求，開始鼓勵新科博士到非學術機構就業，許多學校並開辦各種演講、工作坊、圓桌會議等，教導畢業生如何從學術過渡到非學術市場，例如非營利組織、公家單位，甚至業界。我不清楚台灣學校能提供何種資源，又或者，悲傷而諷刺地，當日益龐大的學術產業後備軍淪為廉價智力勞工的悲慘境況逐漸浮上檯面，「萬般皆下品，唯有讀書高」的觀念將會被社會逐漸摒棄。正面思

考，這未必是壞事。

近年來，台灣學界「過量」的博士似乎有逐漸往中國市場「擠壓」的傾向。這對大多數高度重視學術自由的台灣人應該是兩難的選項：要在台灣繼續窩著當產業後備軍以等待時機，還是去中國好一點的高校開展有尊嚴的專任教職生涯？然中國高度的不確定性，包括政治上、學術上的言論扞制，加上長久以來對台灣的虎視眈眈，在在考驗台灣博士的「容忍」度。可是，難道台灣的學術市場真的飽和到無法開展了嗎？看看現在許多學校充斥著廉價的兼任與專案教師，答案恐怕是未必。戴伯芬教授 2014 年在中研院社會所有一場關於台灣高等教育問題的演講，我就在其中聽到了一個可能的解答。據她的研究顯示，若以生師比 25:1 或更高的教學質量而言，在計算少子化的衝擊後，台灣大學的師資數量可

少子化後的生師比變化

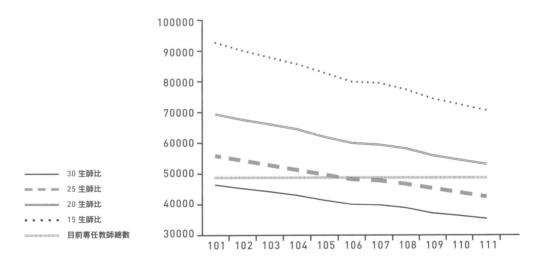

資料來源：戴伯芬教授

能仍嫌不足。因此，關鍵恐怕在於我們要的是怎樣的高等教育品質，以及教育資源如何分配與利用。

六月鳳凰花開，又到了令畢業生惶恐的祭節。每位新科博士都怕走上這座祭壇成了牲品，卻還是得硬著頭皮走上這一遭。放開想，生命就是個儀式，我們不斷經歷著不同階段的人生祭節。找工作，進學界，應該只是生命的一個選項，而不是全部。最後，只能期待來年花開時，曾經惶恐的人都能因為新的生活而展露笑顏。

job hunting

殷志偉、劉正　東海大學社會學系

麥當勞的雞住五星級？

談消費者的認知困境

市場裡影響力最大的，未必是大企業，而可能是由個體組成
的消費群體。每個消費者都有力量去推動改變。

在臺灣麥當勞官網「樂親子」專區的「漢堡開門」分項，
有一個介紹合作對象「石安牧場」的短片專區。在短片中，
產蛋母雞一致稱為「母雞媽咪」。在「住的好」這部短片裡，
麥當勞叔叔和漢堡神偷為大小朋友介紹「母雞媽咪」在石安
牧場內的居住環境：「石安牧場母雞媽咪所居住的環境，跟

一般的雞舍不一樣喔，尤其有三個地方特別不一樣。這裡的環境空氣好、水質好、空間好，所以可以說是母雞媽咪的五星級的套房喔！」

介紹完畢，畫面轉跳到所謂的「五星級套房」，只要對工廠化農場有點認識的人，就可一眼辨識出這些「五星級套房」雞舍，採用的就是集約飼養的格子籠飼養模式。

這種格子籠真的是母雞的「五星級套房」嗎？

違反母雞自然成長的工廠化農場養雞實況

格子籠一般為 192 平方英寸，關了四隻母雞，每隻約只有 48 平方英寸的活動空間，不到 A4 紙的一半。這些雞籠可疊三至五層高。在臺灣，每家養雞場各有不同的雞籠規格，每籠飼養一到八隻母雞，有些雞舍只有單層雞籠，有些則有兩或三層。臺灣多以傳統開放式雞舍飼養母雞，占 96%。而在這類雞舍中，以每籠飼養二到三隻母雞為最多。

母雞生活空間計算

	（平方英寸）
每隻籠養母雞的平均活動空間	67
可讓母雞挺直站立的所需空間	72
可讓母雞梳理羽毛的所需空間	178
可讓母雞轉身的所需空間	197
可讓母雞拍翅膀的所需空間	291

來源：

A Compassion Over Killing Report: Animal Suffering in the Egg Industry. EggIndustry.com.

humanity

傳統的格子籠飼養，無法讓母雞表現出伸展翅膀的天性行為，以致英國防止虐待動物協會（The Royal Society for the Prevention of Cruelty to Animal, RSPCA）等動物保護團體認為這種密集的籠飼，不符福祉原則。根據〈雞隻飼養之動物福利〉（2010），當時臺灣母雞飼養密度，應該都有密度過高的情形。該評論作者李淵百老師指出：

根據民國 94 年的普查資料，台灣蛋雞的飼養密度平均每隻雞 456.7cm^2，但是其中有 55.2% 蛋雞之空間低於 450cm^2。歐盟委員會指令（Council Directive）88/166/EEC 列出保護巴達利雞籠（格子籠）產蛋雞的最低標準為最小容許空間 450cm^2／隻，如此我國飼養者有超過一半不合格，而英國 FAWC（1997）建議最小容許空間為 600cm^2／隻，則僅有 8.3% 符合標準。

通常母雞自孵化成長至十七週齡後（四個多月），就被送到格子籠，終其一生再也無法在土地踏步。由於格子籠內空間狹窄，母雞無法走動、活動身體、築巢、啄食地上的種子、拍翅膀和梳理羽翼等，而這些都是雞的自然天性。格子籠由鐵絲組成，在籠內擁擠的情況下，母雞軀體和羽翼易被鐵絲擦傷磨損，以致羽毛脫落流血。

身在格子籠內的母雞，只能站在不符其自然生存環境需求的鐵絲網上，引起長期不適。為了避免雞爪死纏在鐵絲上，養殖人員有時會直接把雞爪剪短，更為激進的方式，是直接切除母雞的腳趾末端，以防腳趾生長。

經遺傳選拔和生物科技的補助，現今工廠化農場內的母雞一年可產超過三百顆蛋，但這是不符合自然的高產蛋量，如果加上格子籠內狹窄擁擠，缺乏運動空間，導致母雞骨骼無法強化，就會引發骨頭脆弱易斷的問題。母雞在產蛋過程中，用來製造蛋殼而消耗的鈣質，一整年累積下來足有自身

骨骼的三倍重。換言之，工廠化農場裡的母雞，因不斷下蛋而導致長期性鈣質流失，以致患上骨質疏鬆症和骨骼強度不良等健康問題。在美國，這些難以想像的可怖情況極為普遍，以致有了一個業界專有名稱：「籠養母雞疲勞症」。

此外，互相叮啄是雞隻的天性。這種叮啄在自然環境中是無害的，因為彼此都有後退避開的空間。但格子籠內的雞隻因活動空間受限，且無法發揮天性，深感壓迫，叮啄就變成了具有傷害性的行為。為了避免籠內的雞隻相殘而導致損失，業者會對雞隻做「灼喙」，也就是在小雞剛出生時把喙送入剪喙機，由熾熱刀片切斷，並同時燒灼喙部神經和血管組織，以減少出血。這不但危險，也會帶來劇痛。灼喙後的雞隻，會有一段長至五、六星期的疼痛感。灼喙無疑是在截肢，而在自然環境中，沒有一隻雞會從小就被強行剪喙。給雞隻灼喙的過程中一旦處理不當，將會導致雞隻無法飲水進食而斃命。如今，給母雞灼喙已是母雞養殖業的必然程序。在臺灣，所有母雞都做過灼喙（李淵百，2012）。

一般而言，秋季來臨後，日照時間漸短，雞隻就會自然換羽，過程中母雞會停止產蛋，直到三個月後才恢復產蛋。但這麼長的停產時間不符經濟效益，因此業者就會以人為方式縮短換羽時間。對業者而言，強迫換羽是節省成本、提高收益的手段，在雞齡約 80 週時執行，以斷水、斷食引發母雞生理緊迫，激起調節本能，換來兩個月後的另一段產蛋高峰（注：石安牧場沒有做強迫換羽）。

在美國，雞隻被強迫做換羽時會被斷食 7-14 天，而在臺灣則是 10-12 天，斷水兩天。在斷食斷水期間，雞隻將承受飢餓和飢渴煎熬，在整個過程中可能會損失 30% 的體重，甚至因此而死。

工廠化農場裡的母雞，因被迫以超越自然極限的方式產蛋，產蛋效能在一至兩年內就衰退，嚴重者更可能因此早亡。「母雞難產綜合症」則是母雞的輸卵管發炎或部分肌肉

癱瘓，導致無法順利產蛋而身亡，好發於長期養在窄籠、沒有空間活動身軀、缺乏鈣質等營養的母雞身上。但因為動物性產品價格低，即使動物生病，也難得請獸醫照料，因為這樣做不敷成本。

當母雞產蛋效率衰退，即被視作產能耗盡而遭到淘汰，也就是被宰殺。母雞從出生到被宰殺，不過只活了兩年，但在自然生長的環境裡，她們可活十年之久。

動物飼養的真實與假象

格子籠飼養的缺點與不人道顯而易見。但在麥當勞官網，這種飼養方式卻有不同的定義。以小孩為對象的「樂親子」專區親切地稱這些被迫當「產蛋機器」的母雞為「母雞媽咪」，窄小的格子籠則是有「寬敞空間」的「五星級套房」。住在「五星級套房」的母雞，會產下很棒的雞蛋。如麥當勞叔叔在「住的好」短片所言：母雞媽咪在這樣棒的環境居住，可以生產出最棒、最優質的蛋寶寶喔！

在這部約一分鐘的短片裡，「五星級套房」這個字眼，分別以語音和圖文介紹的方式出現了五次，平均每十二秒出現一次。在介紹麥當勞食材和小遊戲的分項中，也至少有三次把格子籠稱作「五星級套房」。

基於格子籠飼養的不人道，嚴重損及動物福祉，歐盟已從 2012 年 1 月 1 日起禁止境內農人以格子籠飼養母雞，西方多國與企業也逐漸以行動拒絕格子籠飼養，轉而支持較為人道的室內平飼、放牧、有機等飼養方式。但臺灣麥當勞似乎仍裹足不前，且在向消費者介紹食材來源的資料中，使用的詞彙與情境描述都有誤導消費者之嫌。

認真面對企業論述對消費者的思想形塑

在現代社會，生產與消費之間有一道鴻溝，消費者多從產品包裝或廣告的文字論述、圖像，而非透過直接的接觸與了解，得知產品生產相關訊息。業者的論述成了填補這道鴻溝的材料，形塑現代消費者對於農場動物的想像與觀感。可愛的卡通化「母雞媽咪」、美化的字眼「五星級套房」，塑造出另一個虛擬世界。

市場交易除了是金錢的有形交換，還有一種無形的思想影響。將動物當作工具來利用，認為動物可為人類的利益犧牲，是漠視動物權利，我們可以稱之為「物種主義」。充斥不實訊息，物化並鼓勵人們積極消費動物的環境，無法讓人們意識到物種主義的存在與操作；反之，人們視動物為商品或可利用資源的觀念，都在一次次接觸類似廣告與消費行為中，逐步增強。

若要做出改變，需推動「以消費群體為基礎進行的社會改革」。市場裡影響力最大的，未必是大企業，而可能是由個體組成的消費群體。每個消費者都有力量去推動改變。消費者需主動捍衛自身的知情權，了解日常飲食中的肉、蛋、奶等動物性產品，經歷什麼樣的生產過程來到自己的手上。唯有掌握真實與充足資訊，才能做出正確的消費選擇與判斷，將自身行動化為實踐願景的一部分。從短期來說，宜以立法管制不實訊息；長期來看，則應透過教育，重新建立人對非人動物的正確認知，這是治本方法，也是當務之急。

每一次消費，都是一個選擇；每一個行動，都是信念之實踐。聆聽我們的心。

humanity

作者說明：

- 此文摘錄與改寫自作者之一殷志偉的碩士論文《物種主義的再現與強化：以工廠化農場、速食連鎖店與賣場為例》。2013，東海大學社會學系。（可在臺灣博碩士論文加值系統找到和下載。）

- 此文有關格子籠飼養的描述，為綜合描述，非指單一農場或國家之情況。情況亦可能隨著時間往前而有所不同，如可能獲得改善或惡化。

- 文內許多內容參考和摘錄自不同作者之著作，但為簡潔化版面，不寫於文內。請原作者原諒。關於參考出處，請見原著論文，尤其是（1）工廠化農場造成的非預期結果—動物養殖—母雞（頁56），（2）速食連鎖店運用的虛擬動物形象—兒童漢堡開門——教育或誤導？（頁116）

- 非人動物、昆蟲等生靈，跟人同樣是生命，故不以「牠」（有跟人做區分的意味）做指涉，而用她 / 他。

- 作者殷志偉曾跟臺灣麥當勞聯絡，後者表示之前對文內提及的情況（影片可能誤導視聽眾）不了解。了解情況後，已經把有關影片給拿下。感謝麥當勞的即時反應和重視！

- 感謝王宏仁老師、賴淑玲女士和宋宜真女士等人幫忙做編輯和修改。

推薦相關網站 / 影片 / 書籍：

- Earthlings（地球上的生靈）

- Our Daily Bread（沉默的食物）

- Factory Farming: Cruelty to Animals

- From Farm to Fridge: The Truth Behind Meat Production （從農場到冰箱：肉類生產背後的真相）

- Meet Your Meat 生命的吶喊 01 中文字幕清晰版

- Philip Wollen: Animals Should Be Off The Menu debate 澳際大慈善家，前花旗銀行副總裁，菲力浦屋倫就動物權益發表激情演說

- Best Speech You Will Ever Hear － Gary Yourofsky

- Gary Yourofsky's Speech: Q&A Session

- Never Be Silent － PETA

· 巴西男童懇求別吃動物 媽媽哭了

（以上影片資料皆可經網路搜尋找到）

· 洪法治，2013，《生命主義》。https://www.facebook.com/life.constitution?sk=notes

· Baur, Gene, 2008, *Farm Sanctuary: Changing Hearts and Minds About Animals and Food*. New York: Simon & Schuster.

· Corbey, Raymond & Lanjouw, Annette (Edited), 2013, *The Politics of Species - Reshaping our Relationships with Other Animals*. Cambridge University Press.

· Fox, Michael Allen 著、王瑞香譯，2005，《深層素食主義》。臺北：關懷生命協會。

· Goodall, Jane、McAvoy, Gary、Hudson, Gail 著、陳正芬譯，2007，《用心飲食》。臺北：大塊文化。

· Kowalski, Gary 著、劉佳豪譯，2006，《我的靈魂遇見動物》。臺北：柿子文化。

· Lyman, Howard F., & Merzer, Glen 著、陳師蘭譯，2005，《紅色牧人的綠色旅程》。臺北：柿子文化。

· Marcus, Erik, 2005, *Meat Market*. Boston: Brio Press.

· Robbins, John 著、李尼譯，2011，《食物革命》。北京：北方文藝。

· Torres, Bob, 2007, *Making a Killing: The Political Economy of Animal Rights*. Oakland, CA: AK Press.

· Singer, Peter 著、孟祥森、錢永祥譯，1996，《動物解放》。臺北：關懷生命協會。

巷仔口社會學 / 王宏仁主編 .-- 初版 .-- 新北市 : 大家出版 : 遠足文化發行 , 2014.12 ； 面 ； 公分
ISBN 978-986-6179-86-0(平裝)
1. 臺灣社會 2. 文集

540.933   103020747

國家圖書館出版品預行編目 (CIP) 資料

common 22
巷仔口社會學

主編 王宏仁 | **書籍設計** 林宜賢 | **插畫暨封面繪畫** 陳嘉瑋 | **校對** 魏秋稠 | **責任編輯** 宋宜真、賴淑玲 | **行銷企畫** 陳詩韻 | **社長** 郭重興 | **發行人兼出版總監** 曾大福 | **總編輯** 賴淑玲 | **出版者** 大家／遠足文化事業股份有限公司 | **發行** 遠足文化事業股份有限公司 231 台北縣新店市民權路 108-2 號 9 樓   電話—(02)2218-1417   傳真—(02)2218-8057 | **劃撥帳號**—19504465 戶名—遠足文化事業有限公司 | **法律顧問** 華洋國際專利商標事務所 蘇文生律師 | **初版一刷** 2014 年 12 月 | **十三刷** 2021 年 5 月 | **定價** 新台幣 380 元 | **版權所有 翻印必究** (缺頁或破損的書，請寄回更換)